【青少年探索·发现之旅丛书】

探索世界地理 未解之谜

膳书堂文化 编著

中国地图出版社
中华地图学社

图书在版编目（CIP）数据

探索世界地理未解之谜 / 膳书堂文化编著. — 上海：
中华地图学社，2013.6（2020.8重印）

（青少年探索·发现之旅丛书）
ISBN 978-7-80031-755-2

Ⅰ.①探… Ⅱ.①膳… Ⅲ.①地理－世界－普及读物
Ⅳ.①K91-49

中国版本图书馆CIP数据核字(2013)第100944号

策划制作：膳书堂文化
责任编辑：宗宏伟
封面设计：红十月设计室

青少年探索·发现之旅丛书
探索世界地理未解之谜

出版发行：中国地图出版社	经　销：新华书店
中华地图学社	
社　址：上海市武宁路419号A座6楼	印　张：10
邮政编码：200063	版　次：2013年6月第1版
网　址：www.diyiditu.com	印　次：2020年8月北京第5次印刷
成品规格：170mm×230mm	定　价：29.80元
印刷装订：北京一鑫印务有限责任公司	

书　号：ISBN 978-7-80031-755-2

如发现印装质量问题，请与承印厂联系调换。

P 前言
reface

世界的屋脊青藏高原，地球的伤疤东非大裂谷，地球上的最低点死海，世界上最大的珊瑚礁大堡礁，无不是大自然的鬼斧神工造就的。而自由游弋在崇山峻岭的万里长城，屹立在浪漫之都的埃菲尔铁塔，静静躺卧在金色沙漠的金字塔，安详地守护着自由之地的自由女神像，无论哪一座建筑都是人类为世界创造的伟大奇迹。这些都是世界上最著名的旅游胜地，是人们趋之若鹜的度假天堂，它们就像是具有魔力的宝盒一样吸引着不计其数的旅游者。

这些景观打动你了吗？你想要马上整理行李出发吗？也许你会说你没有那些闲钱；等有金钱了你又没有时间旅游了；最后是有了时间有了金钱你却没有游历之心了。那何不在你出发前先通过阅读本书来了解你想去的地方呢？本书就是为了帮助读者直观地感受和了解世界各地的地理概况、人文景观和风土人情而编写的。整本书将会为读者打造一个立体的、生动的世界地图，从而为读者了解世界提供最大的帮助。

目录

Contents

1 第一章 亚 洲

东亚——最典型的亚热带、温带季风气候区 / 2

东南亚——原始自然之美 / 15

南亚——被殖民者中断了的文明 / 30

37 第二章 欧 洲

南欧——地中海气候最为显著之地 / 38

西欧——古代文明与现代科学完美结合之地 / 54

中欧——音乐艺术的圣地 / 70

第三章　非　洲

81

北非——阳光灼热之地 / 82

东非——魔幻景观 / 94

南非——闪耀钻石光芒的土地 / 108

目录
Contents

120 第四章　美　洲

北美洲——上帝最得意的创造 / 121

南美洲——可可的故乡 / 134

第一章

亚　洲

　　亚洲是七大洲中面积最大、人口最多的一个洲，亚洲总面积约为5071万平方千米，共有48个国家，总人口为36.72亿。亚洲的名字最为古老，全称为亚细亚洲。亚洲位于东半球的东北部，东濒太平洋，南临印度洋，北濒北冰洋，西达大西洋属海地中海和黑海。亚洲以苏伊士运河作为与非洲的分界线，以土耳其海峡、乌拉尔山脉、大高加索山脉、里海和黑海为与欧洲的分界线，所跨经纬度十分广。因为地跨寒、温、热三个气候带，气候类型复杂多样，但温带大陆性气候分布较广。

东亚——最典型的亚热带、温带季风气候区

东亚地区位于亚洲大陆东部，太平洋西岸，包括中华人民共和国、蒙古国、朝鲜民主主义人民共和国、大韩民国和日本国等国家。东亚南北约跨30多个纬度，东濒太平洋，海岛星罗棋布，西接中亚内陆，毗连草原、荒漠。其总面积约1200万平方千米，约占全球大陆面积的9%。东亚地区构造地形复杂，地势西高东低。东亚东部沿海地区季风气候显著，是世界上最典型的亚热带、温带季风气候区，即东亚季风区，气候湿润温和；西部内陆地区温带大陆性气候典型，属干旱、半干旱气候区；青藏高原地区为高原气候区。

喜马拉雅山脉

喜马拉雅山脉西起帕米尔高原，东至雅鲁藏布江，全长约2500千米，宽200～300千米。主峰珠穆朗玛峰海拔8844.43米，为世界第一高峰，它耸立在青藏高原南缘，分布在我国西藏和巴基斯坦、印度、尼泊尔和不丹等国境内，主要部分在我国和尼泊尔交界处。

喜马拉雅山脉名源于梵文，意为"雪的居所"，居住在西藏的人们则称之为"雪山"。主脉大喜马拉雅山

☆ 喜马拉雅山风光

探索世界地理未解之谜

tansuoshijiedlliweijiezhimi

平均海拔6000米以上，7000米以上的山峰有50余座，全球14座海拔8000米以上的高峰群中有10座分布于此。主脉上的一些山口要隘也多分布于海拔4000～5000米。其中较著名的有东段的唐古拉山口(海拔4633米)、中段的聂聂雄拉山口(海拔5000米)及西段的索吉山口(海拔3529米)等。高山顶部终年积雪，现代冰川作用强盛，冰川规模较大，著名的有珠穆朗玛峰，再如分部中国境内的绒布冰川、加布拉冰川及锡金境内的热木冰川等。冰川总面积3.3万平方千米，中国境内约占1／3。雪线高度为5800～6200米，南坡雪线低于北坡。

❾长江

长江，全长6397千米，是亚洲第一长河，也是世界第三长河，仅次于非洲的尼罗河与南美洲的亚马孙河，水量居世界第三。长江发源于青藏高原唐古拉山的主峰各拉丹冬雪山的沱沱河，流经中国青海省、四川省、西藏自治区、云南省、重庆市、湖北省、湖南省、江西省、安徽省、江苏省和上海市等11个省、市、自治区。流域总面积为1808500平方千米，约占全国土地总面积的1／5，和黄河一起并称为中国的"母亲河"。长江干流通航里程达2800

☆ 长江美景

☆ 长江局部

多千米，素有"黄金水道"之称。

探索
世界
地理未解之谜

tansuoshijiediliweijiezhimi

黄河

黄河发源于青海巴颜喀拉山，是中国第二长河，也是世界上含沙量最多的河流。其干流贯穿中国青海、四川、甘肃、宁夏、内蒙古、山西、陕西、河南、山东9个省、自治区，全长5464千米，流域面积达到752443平方千米，拥有上千条支流并与溪川相连，犹如无数毛细血管。黄河年径流量574亿立方米，平均径流深度79米。沿途汇集有35条主要支流，较大的支流有上游的湟水、洮河，中游的清水河、汾河、渭河、沁河，下游的伊河、洛河。下游两岸缺乏湖泊且河床

较高，流入黄河的河流很少，因此黄河下游流域面积很小。

台湾岛

台湾岛是中国第一大岛。它位于东海南部，西依台湾海峡，东濒太平洋，距福建省海岸75～220海里。台湾岛岛形狭长，从最北端富贵角到最南端鹅銮鼻，长约394千米，最宽处在北回归线附近，约144千米。其总面积为3.6万平方千米，为台湾省主岛，占台湾省面积逾99%，在世界大岛中列第38位。岛上多山，山地和丘陵占全岛面积2/3，分布于东部和中部，自东向西有台东、中央、玉山、雪山和阿里山5条平行山脉，呈北东—南西走向，以中央山脉为主分水岭。其中海

拔1000米以上山地约占全部山地的一半，海拔3500米以上山峰有30余座。最高峰玉山海拔3997米，也是中国东南部第一高峰。

雅鲁藏布大峡谷

雅鲁藏布大峡谷北起米林县的大渡卡村，南到墨脱县巴昔卡村，全长504.9千米，平均深度2800米，最深处达6009米，是地球上最深的峡谷。

雅鲁藏布大峡谷核心无人区河段的峡谷河床上有罕见的四处大瀑布群，其中一些主体瀑布落差都在30～50米。峡谷具有从高山冰雪带到低河谷热带季雨林等9个垂直自然带，聚集了多种生物资源，包括青藏高原已知高等植物种类的2/3，已知哺乳动物的1/2，已知昆虫的4/5，以及中国已知大型真菌的3/5，堪称世界之最。整个峡谷地区冰川、绝壁、陡坡、泥石流和巨浪滔天的大河交错在一起，环境十分恶劣。许多地区至今仍无人涉足，堪称"地球上最后的秘境"，是地质工作少有的空白区之一。

日本

日本位于亚欧大陆东端，是一个由东北向西南延伸的弧形岛国，其国土四面临海，隔海分别和朝鲜、韩国、中国、俄罗斯、菲律宾等国相望。日本由本州、九州、四国、北海

☆ 雅鲁藏布江一角

☆ 楼群林立的日本

道4个大岛和其他6800多个岛屿组成。日本全国总面积为37.7748万平方千米，总人口约1.27亿，大部分属温带气候。

日本虽然是一个自然资源相对比较匮乏的国家，但其服务业，特别是银行业、金融业、航运业、保险业以及商业服务业处于世界领先地位。日本是亚洲乃至整个世界经济最发达的国家之一。日本的公路交通、水陆交通十分发达，空中交通更是堪称完美。2008年东京羽田机场位列世界机场服务质量排名的第一位。

东京

东京古称江户，是日本的首都。它位于日本列岛中部、本州关东平原南端。东京的行政区域由23个特别行政区和多个地区组成的狭长的陆地部分，以及分布在东京湾南部海域的伊豆群岛和小笠原群岛而组成，其面积大约为2187平方千米，总人口约1279万人。东京和周围的埼玉、神奈川、千叶、群马、栃木、茨城和山梨等七个县组成首都圈。东京是日本最大的工业城市，京滨工业区是日本著名的四大工业区之一。位于东京港区芝公园里的东京标志性建筑——东京铁塔，是世界上最高的铁塔。位于中央区的银座是东京最繁华的商业大街。

北海道

北海道是日本第二大岛，在日

本四主岛中位置最靠北。它位于日本列岛最北部，西临日本海，南濒太平洋，东北与鄂霍次克海相接，西南以津轻海峡与本州毗邻，北隔拉彼鲁兹海峡同俄罗斯库页岛相望，为扼控两峡的战略要地，是日本北部边防前哨，素有"日本北门锁钥"之称。其南北宽420千米，东西长540千米，面积83520平方千米，以凉爽的气候和近期形成的山脉、火山为地理特点。北海道人口密度极低，而且多集中于以札幌为中心的小樽与旭川之间，故此游客到了北海道，往往会有广大安逸的感觉。北海道以其迷人的雪景闻名于世，故冬天是游览北海道的最佳季节。每年2月上旬都会展开一年一度的北海道雪祭盛会，各国高手云集，尽展身手而雕砌成之冰雕艺术杰作，雄伟壮观，匠心独运，游客可在此欣赏与参观。

九州岛

九州岛是日本第三大岛。它位于日本西南端，东北隔关门海峡与本州岛相对，东隔丰予海峡和丰后水道与四国岛相望，东南临太平洋，西北隔朝鲜海峡与韩国为邻，西隔黄海、东海与中国遥对。古代本岛分为筑紫、筑后、丰前、丰后、肥前、肥后、日向、萨摩、大隅九国家，因此称为"九州"。"州"在日语中为"区域"之意。主岛面积3.65万平方千

☆ 美丽的日本

☆ 日本风光

米，连同所属小岛面积约4.34万平方千米，仅次于本州和北海道，人口约1478万人。

九州岛北部为筑紫山地，山地低矮平缓，海拔500米左右，多盆地、平原。南部地势高峻，九州山脉纵贯，主峰祖母山海拔1758米。岛上火山分布较广，世界最大活火山口阿苏山便在九州岛上。海岸线曲折，多海湾、岛屿、半岛。九州岛为亚热带气候，温暖多雨，年平均气温13～16℃，年降水量1500～2500毫米。河流多急流，水力资源较丰富。森林较多，森林面积约占全岛面积的1/5。南部以农业为主，畜牧业、蔬菜、水果和渔业发达。煤炭资源较丰富，产量居全国前列。制造业以钢铁、化学、造船工业等为主，其核心地区为北九州工业地带。自20世纪70年代以来，九州岛电子工业迅速发展，目前是日本高科技产业的主要集散地，有"硅岛"之称。

富士山

富士山位于东京西南方约80千米处，主峰海拔3776米的富士山是日本第一高峰，也是日本的标志之一。富士山是世界上最大的活火山之一，现在处于休眠状态。富士名称源于虾夷语，意为"永生"，其山体呈优美

探索
世界
地理未解之谜

tansuoshijiedililweiyejiezhimi

☆ 樱花与富士山

的圆锥形，日本人民习惯称其为"圣岳"，以其引以为傲。富士山山顶火山口直径约800米，深度大约为200米，其山巅常年白雪皑皑，就像是悬空倒挂的扇子，因此又有"玉扇"的美誉。

9 朝鲜

朝鲜在阿尔泰语中有"晨曦"的意思，因此有"晨曦之国"的说法。朝鲜全称为朝鲜民主主义人民共和国，位于亚洲东部朝鲜半岛北端，北部主要与中国接壤，东北端与俄罗斯交界，南部隔军事分界线与韩国相连，西南面为黄海，东面为日本海。

朝鲜全国总面积约为12.2762万平方千米。朝鲜的工业以采矿、电力、机械、冶金、化工、纺织等为主。朝鲜一直是以农业为主的典型农业生产国，其农业以种植水稻和玉米为主。朝鲜矿产资源比较丰富，石墨、菱镁矿储量居世界前列。主要港口有清津、南浦、元山、兴南等。渔业产业亦是其重要的支柱产业。朝鲜是旅游观光的好去处。

平壤

平壤是朝鲜的首都，也是朝鲜第一大城市和政治、文化、经济中心。它位于朝鲜半岛西北部，平壤平原北端，地势北高南低，横跨大同江

☆ 朝鲜广场

☆ 美丽的牡丹峰

探索世界地理未解之谜

tansuoshijiedilliweijiezhimi

两岸。平壤冬寒夏暖，年平均气温9.4℃，年降水量925毫米，降水主要集中在7~8月份。

平壤现有行政区18个，市区居住面积占20%，其余80%为公园和绿化用地，是世界上绿化面积最大的城市之一，享有"花中之城"、"柳京"的美誉。平壤还是一个古老的城市，在市内可以随处找到名胜古迹。有千里马铜像、朝鲜革命博物馆、凯旋门、祖国解放战争胜利纪念馆等革命纪念建筑。

金刚山

金刚山是朝鲜第一山，也是世界名山，有"山中之最"之称。它位于朝鲜半岛的太白山脉北部，分为内金刚、外金刚、新金刚、海金刚四个部分，最高处是毗卢峰。金刚山东西长40千米，南北长60千米。金刚山千丈飞瀑，奇峰异石，苍林翠柏，奇珍异草真可谓是应有尽有。金刚山的山水之景会随着四季的变换而变化，因此人们又给在四季里不同的金刚山起了四个不同的昵称。春季，金刚山看起来晶莹剔透，宛如金刚石，因此故名金刚山；夏季繁花似锦，一片仙境之感，又称蓬莱山；秋季满山红叶，娇艳诱人，称为枫岳山；冬季繁华褪尽，沧桑之感骤然而生，因此又名皆骨山。

牡丹峰

牡丹峰自古被称为"朝鲜八景"之一。牡丹峰位于平壤市北部牡丹峰区，山峰层峦叠翠，酷似一朵盛开的牡丹，因此得名"牡丹峰"。牡丹峰至今还保存着高句丽的古式亭台楼阁，除了众多的自然景观之外，牡丹峰松树、五叶松、椴树、杏树、山樱等各种树木成林。春天宽阔的公园开遍鲜花，金钟花和金达莱开花后，杏花、桃花、樱花、杜鹃花、李叶绣线

菊、山踯躅花、木兰花、芍药花等相
继盛开。

❾韩国

　　韩国地处东北亚朝鲜半岛南端，
北部与中国和俄罗斯接壤，东部濒临
东海，与邻国日本隔海相望。除与大
陆相连的半岛之外，韩国还拥有3200
个大小岛屿。韩国总面积为9.9万平方
千米，总人口约4685.8万，属温带季
风气候，海洋性特征显著。

　　工业在韩国占有重要的地位，韩
国的主要工业部门有钢铁、汽车、造
船、电子、纺织等。农业发展极其缓
慢，在国民经济中处于次要地位。矿产
资源较少，自然资源匮乏。韩国铁路、
公路、航空交织形成了一个立体的交通
网络，十分便达。韩国的济州岛、景福

宫、乐天冒险世界等都是著名旅游观光
地。韩国随着韩剧在东南亚深入人心，
成为众多人心目中的旅游圣地。韩国的
泡菜、酱汤等韩式料理更是作为一种韩
式文化流行于世界。

·相关链接·

　　韩国景福宫：景福宫是韩国五
大宫之中规模最大、最古老的宫殿之
一。它坐落于首尔市钟路区，是朝
鲜李氏王朝的正宫。景福宫是朝鲜王
朝的始祖——太祖李成桂于1395年将
原来高丽的首都迁移时建造的新王朝
的宫殿，具有500年历史。中国古代
《诗经》中曾有"君子万年，介尔景
福"的诗句，此宫藉此而得名。景福
宫东面是建春门，西面是迎秋门，北
☆ 韩国街头

☆ 美丽的草原

面是神武门，宫内则包括勤政殿、思政殿、康宁殿、交泰殿、慈庆殿、庆会楼、香远亭等殿阁。因位于首尔北部，也叫"北阙"。

济州岛

济州岛位于东海，在全罗南道西南100千米，是韩国最大的岛屿。其面积为1825平方千米，包括26个小岛。岛形椭圆，由火山物质构成。整个济州岛就是一座典型的火山岛，因120万年前开始的火山活动而形成。岛屿中央是海拔1951米的韩国最高峰——汉拿山。海洋性气候使济州岛有"韩国夏威夷"之称。数以百计的丘陵、滨海的瀑布、悬崖和熔岩隧道吸引着世界各地的游人。首府济州，是全岛的重要港口。主要农产品为甘薯，全国啤酒业所需大麦几乎全产于此。盛产于南岸的柑橘和山地蘑菇为重要出口产品。

蒙古

蒙古是地处亚洲中部的内陆国家，南面、东面均与中国的内蒙古自治区接壤，西面与中国的新疆维吾尔自治区接壤，北部则与俄罗斯联邦相邻。蒙古也是一个高原国，全境地势平均海拔1600米，其西部和北部地区属高山地带，主要有西部的阿尔泰山脉、中部的杭爱山脉和肯特山脉等，而其东部和南部是地势比较平缓的高原，南部则为戈壁。杭爱—肯特山脉北部为森林草原带，山脉以南和整个东部高原属温带草原带，大湖盆地和戈壁地区为荒漠草原，而蒙古南部是一条狭长的岩块裸露的石质荒漠。蒙古属于典型的大陆性气候，冬季漫长严寒，夏季短暂炎热。年降水稀少，绝大部分集中于夏季。全国总面积为156.6万平方千米，总人口为210.2万。

蒙古工业以轻工、食品、采矿和燃料动力为主，工业产值占蒙古国内生产总值的34%。其农业并不发达，但畜牧业是该国国民经济的基础。地下资源丰富，现已探明的有煤、铜、钨、萤石、金、银、钼、铝、锡等80多种矿产。蒙古交通运输以铁路和公路为主，国际机场两个，主要机场为乌兰巴托成吉思汗国际机场。

蒙古还是个草原国家，广阔高原上分布着一望无际的草原。

在该国的旅游资源中，寺庙占有重要的地位，以喇嘛庙为主，如乌兰巴托的庆宁佛寺及和林喇嘛庙等。此外，一些考古学遗迹也是重要的旅游点。

博格达汗冬宫

博格达汗冬宫位于乌兰巴托市南郊，建于1903年，是蒙古最后一位国王——博格达汗于冬季居住的宫殿。博格达汗冬宫是典型的汉藏式殿宇建筑，里面陈列着蒙古王公贵族华丽的服饰及生活用品，还有邻国各国国王贵族送给活佛的珍贵礼品等。博格达汗冬宫旁为喇嘛庙建筑，宫庙层层相连，梁上有以藏文、旧蒙文、满文和汉文书写的横匾。宫内收藏文物丰富，展出的珍贵唐卡、佛像和法器件件都是珍品，具有极高的研究价值。这里的汉族式样的宫殿全部是木质庙宇结构，包括照壁、牌楼、山门、天王殿、大雄宝殿等三重院落。如今冬宫内的陈设还保持当年博格达汗在此居住时的大致模样，而陈列其间的无

☆ 古老与现代并存的蒙古建筑

☆ 蒙古包

探索
世界
地理未解之谜

tansuoshijiediliweijiezhimi

数华丽的珠宝服饰及生活用品尽显当年的权力与奢华。

蒙古包

蒙古包是满族对蒙古族牧民住房的称呼，始于清代。"包"，满语是家、屋的意思。蒙古包是蒙古人祖祖辈辈住惯了的移动房屋，是牧民在草原上逐水草而居的家。蒙古包呈圆形，有大有小，但其基本构造都是一样的，由网状编壁哈那、条木楞子乌尼、圆形天窗和门等构成，外面蒙上毡子，再用鬃毛绳子勒紧即可。蒙古首都乌兰巴托曾被称为"毡包之城"，即使在今天的这座现代化城市里，也能于林立的高楼之间见到蒙古包。

在蒙古国家宫这座气势非凡的现代化大楼的天井中搭建有一个美丽的蒙古包，这就是蒙古的国家礼仪宫，是蒙古国家领导人会见外国国家元首和政府首脑的礼仪之地。

·知识外延·

内蒙烤全羊：烤全羊是蒙古族宴席名菜。选料精细，工艺考究，传统的方法是选择肥尾羯羊，用蒙古杀羊法宰杀，去皮、去内脏后，将佐料填装于羊的胸、腹腔，再将羊吊在专用烤炉中，烧烤约4—5小时。出炉的全羊，色泽红，皮酥脆，肉鲜嫩，味香浓。上席时将正羊以平卧状置于大木盘中。脖子上系一红带以示隆重。

东南亚——原始自然之美

东南亚是当今世界经济发展最有活力和潜力的地区之一。相信在未来新的世界经济、政治格局中，东南亚的作用和战略地位更加重要。

东南亚位于亚洲东南部，包括中南半岛和马来群岛两部分，是第二次世界大战后期才出现的一个新的地区名称。该地区包括泰国、越南、老挝、柬埔寨、缅甸、马来西亚、新加坡、印度尼西亚、菲律宾、文莱和东帝汶11个国家。其面积约457万平方千米。

东南亚靠近赤道，阳光充足，拥有很多美丽的海滩、奇特的岛屿、原始热带丛林和珍稀的动植物，充分保持了一种自然原始的美态，旅游资源十分丰富。

湄公河

澜沧江流出中国国境以后的河段称湄公河。湄公河是东南亚最长的河流，长约2668千米，流域总面积63万平方千米。它发源于中国唐古拉山的东北坡，自北向南流经缅甸、泰国、老挝、柬埔寨和越南，注入太平洋的南海。主要支流有南塔河、南乌江、南康河、南俄河、南屯河、邦非河、色邦亨河、蒙河、桑河、洞里萨河等，其中蒙河为最大支流。

马六甲海峡

马六甲海峡位于马来半岛与苏门答腊岛之间，呈东南—西北走向。它的西北端通印度洋的安达曼海，东南端连接南中国海。海峡全长约1080千米，西北部最宽处达370千米，东南

☆ 湄公河沿岸村落

☆ 宁静的海峡之晨

探索 **世界** 地理未解之谜

tansuoshijiedilweijiezhimi

部最窄处只有37千米，水深25～150米，是连接沟通太平洋与印度洋的国际水道，也是亚洲与大洋洲的十字路口。马六甲海峡因沿岸有马来西亚的古城"马六甲"而得名。海峡现由新加坡、马来西亚和印度尼西亚三国共管。海峡处于赤道无风带，全年风平浪静的日子很多。海峡底质平坦，多为泥沙质，水流平缓。马六甲海峡海运繁忙，每年约有10万艘船只来往其间。日本从中东购买的石油，绝大部分都是通过这里运往国内的。

老挝

老挝位于亚洲中南半岛的东部，是东南亚唯一的内陆国家。它北邻中国，南接柬埔寨，东界越南，西北达缅甸，西南毗连泰国。山地和高原约占老挝全境的80%，且多被森林覆盖，有"印度支那屋脊"之称。地势北高南低，北部与中国云南的滇西高原接壤，东部老、越边境为长山山脉构成的高原，西部是湄公河谷地和湄公河及其支流沿岸的盆地和小块平原。全国自北向南分为上寮、中寮和下寮，上寮地势最高，川圹高原海拔2000～2800米。最高峰普比亚山海拔2820米。老挝属热带、亚热带季风气候，分为雨季和旱季。老挝境内山峦起伏，森林密布。动物中大象为多，故老挝有"万象之都"的美称。自然风光与独特的风情，迷醉了无数旅游者。

万象

万象是老挝的首都，地处湄公河中游的左岸，隔河与泰国相望，沿湄公河岸呈新月形延伸，街道与河岸平行或垂直相交。万象面积约13平方千米，人口约61.6万人，是老挝最大的工商业城市。由于老挝85%以上的居民信奉佛教，所以万象市内各种寺庙、古塔处处可见。万象是一座历史古城，至今有500多年的历史。自16世纪中叶塞塔提腊国王从琅勃拉邦迁都于此后，这里一直是老挝政治、经济和文化中心。

万象拥有许多寺庙、古塔。建于1566年的塔銮，是老挝所有寺塔之中最为宏伟的一座，是历代国王和高僧存放骨灰之所。传说在封闭的中央塔里，埋藏着释迦牟尼的胸骨。而祥光寺是万象香火最旺盛的一座庙宇，在寺里有一座铜塑的许愿佛，许多民众都向它许愿，据说若能如愿便能举起铜佛。这座寺曾被作为佛教学校之用，目前仍有许多和尚住在寺里。

川圹高原

川圹高原亦称"芒芬高原"。它位于老挝上寮地区东南部，为安南山脉北段向西延伸的部分。其平均海拔1200~1400米，南北宽40千米，东西长50千米，周围有海拔2000米以上的山脊，南面有五座超过2500米的山峰，其中比亚山是老挝最高峰，海拔2817米。高原上有一系列山间盆地，如查尔平原、班班平原和康开谷地等。矿产有铁、铅、锌、铜、锑、硫黄等。气候凉爽，有大片松林，草场广阔，可发展畜牧。主要河流有南部的南岸河、涅河和北部的坎河，皆为湄公河支流。高原的石灰岩和砂岩丘陵上原有热带季风雨林，因苗人和老挝人在此实施轮垦农业，只剩下沿河零散的栎木和松木。

柬埔寨

柬埔寨位于亚洲的中南半岛南部，全名柬埔寨王国，简称柬埔寨。它的东和东南部同越南接壤，北部与

☆ 柬埔寨建筑

探索
世界
地理未解之谜

tansuoshijiediliweijiezhimi

☆ 吴哥古迹

老挝相邻，西和西北部与泰国毗邻，西南濒临暹罗湾，海岸线长约460千米，面积为18.1万多平方千米。中部和南部是平原，东部、北部和西部被山地、高原环绕，大部分地区被森林覆盖。豆蔻山脉东段的奥拉山海拔1813米，为境内最高峰。湄公河在境内长约500千米，自北向南横贯全境。它属热带季风气候，年平均气温29～30℃，5～10月为雨季，11月至次年4月为旱季，受地形和季风影响，各地降水量差异较大，象山南端可达5400毫米，金边以东约1000毫米。柬埔寨有20多个民族，其中高棉族占80%。佛教为其国教，80%以上的人信奉佛教。远在三四千年以前柬埔寨人已经居住在湄公河下游和洞里萨湖地区，是一个历史悠久的文明古国。柬

埔寨全国分为20个省和4个直辖市，主要城市有暹粒、马德望和西哈努克港等。举世闻名的吴哥古迹就在靠近暹粒的地方。

·相关链接·

柬埔寨首都金边：金边是柬埔寨的首都，它坐落在湄公河与洞里萨湖之间的三角洲地带，位于四臂湾的西岸，呈长方形。金边是柬埔寨政治、经济、文化、宗教的中心，同时也是柬埔寨的交通中心，也是东南亚地区重要的交通枢纽。

吴哥古迹

吴哥古迹位于柬埔寨北部暹粒省境内，距首都金边约240千米。吴哥始建于公元802年，完成于1201年，前

后历时400年。在公元9世纪至15世纪时，吴哥曾是柬埔寨的王都，最盛时人口达数十万。

1431年暹罗军队的入侵，攻陷了吴哥，吴哥遭到了严重破坏，高棉王国被迫迁都金边。此后，吴哥被遗弃，逐渐淹没在丛林莽野之中，直到19世纪60年代才被发现，据说是一个名叫亨利·穆奥的法国博物学家发现了吴哥古迹。

吴哥古迹现存600多处，分布在面积45平方千米的森林里。大吴哥和小吴哥是它的主要组成部分，其中有许多精美的佛塔以及众多的石刻浮雕，蔚为壮观。佛塔刻有各种形态的雕像，有的高达数米，生动逼真。吴哥寺中的五座莲花蓓蕾似的佛塔高耸入云，是高棉民族引以为骄傲的精湛建筑。除大吴哥、小吴哥及三个王都中心外，女王宫和空中宫殿也是吴哥古迹中著名的景点。空中宫殿是一座全

石结构建筑，据说建于11世纪。宫殿建在一座高12米的高台上，成金字塔形，分三层。台中心建有一塔，塔上涂金，光芒四射。高台四周有石砌回廊环绕。由于台高，给人一种悬在空中的感觉，因而得名。

吴哥的大部分建筑已倒塌成废墟，但吴哥古迹规模之宏伟壮观，其建筑艺术之璀璨夺目，依然令人惊叹。考古学家把它与中国的长城、埃及的金字塔和印度尼西亚的婆罗浮屠并称为东方四大奇迹。作为柬埔寨早期建筑风格代表，1992年，联合国教科文组织世界遗产委员会把整个吴哥古迹列入《世界文化遗产名录》。

越南

越南古代称为"文郎"，位于中南半岛东部，西与老挝、柬埔寨为

☆ 越南广场

☆ 胡志明市公园雕塑

邻，东面和南面临南海，北与中国云南、广西交界。越南全国总面积为32.9556平方千米，总人口为8700万，属于热带季风气候。越南是传统农业国，粮食作物包括稻米、玉米、马铃薯、番薯和木薯等，经济作物主要有咖啡、橡胶、腰果、茶叶、花生、蚕丝等。越南旅游资源丰富，有五处风景名胜被联合国教科文组织列为世界文化和自然遗产。

胡志明市

胡志明市旧称西贡市，是越南的三个中央直辖市之一，亦是越南的经济中心、全国最大的港口和交通枢纽。它位于湄公河三角洲东北侧一个由同奈河、西贡河和威古河形成的三角洲上，居西贡河右岸，南临南中国海，西、北两面分别同隆安省、西宁省接界，东面是小河、同奈两省，东南距海口80千米。

1976年7月2日，越南国会决定，将中华人民共和国成立前的西贡市、嘉定省以及平阳、厚义两省的一部分合并为胡志明市。全市西北至东南长102千米，东西宽75千米，面积2390.2平方千米，其中市区面积140.3平方千米。目前市区有12个郡，郊区有6个县。胡志明市气候温和，年平均气温为27℃，各月之间温差不超过5度，全年几乎不受台风的袭击。胡志明市社会经济发展受西方影响，商业发达，曾有"东方巴黎"之称。市内法式建筑较多，如饭店、教堂等。这些法式建筑具有浓厚的法兰西文化风格和很高的观赏价值。

探索世界 地理未解之谜

tausuoshijiedilliwejjiehmi

顺化古迹群

顺化古迹群是越南现存面积最大而且较完整的古代建筑群落。它位于越南中部，跨香江两岸，西靠长山山脉，东距南海8千米，总面积为150平方千米。顺化历史古都整体上被分为外城和内城两个部分。市内名胜有香江、御屏山、天姥寺、钱场桥、静心湖、南郊坛、万年渡口、耀帝寺、慈潭寺等。位于顺化的顺化皇城则是越南现存最大而且比较完整的古建筑群，其建筑式样基本仿照中国北京的故宫。顺化古迹群于1993年被列入"世界文化与自然遗产"。美国《国家地理杂志》还曾经将岘港至顺化一带评为"一生中必须看一次的50个地方"之一。

泰国

"泰国"在泰语中意为"自由之邦"，又素有"微笑之国"之称。泰国位于中南半岛中南部，东与老挝和柬埔寨为邻，南面是暹罗湾和马来西亚，西交缅甸和安达曼海。泰国全国总面积为51.3115万平方千米，总人口

☆ 顺化古迹

☆ 曼谷的佛文化

为6544.4371万，属于热带季风气候。

泰国是一个拥有悠久历史的佛教国家，几百年来无论是风俗习惯、文学、艺术和建筑等各个方面，几乎都和佛教有着密切的关系，因此被誉为"千佛之国""白象王国"。这里到处是金碧辉煌、尖角高耸的庙宇、佛塔，无处不有精致美观的佛像、石雕和绘画，在长年青绿的椰林掩映下，它们为泰国增加了许多神秘的色彩。泰国的独特文化传统和民族风俗吸引着无数观光者。

曼谷

曼谷原名"功贴玛哈那空"，意即"天仙之都"，是泰国的首都，被誉为"佛教之都"。泰国人称其为"军贴"，即"天使之城"。若将"曼谷"的泰文名字转化为拉丁文字，一共有167个字母，意思为天使之城、伟大的都市、玉佛的宿处、坚不可摧的城市，被赠予九块宝石的世界大都会，很富裕的皇宫，住了权威的神、佛祖以及建筑之神再兴的大都会。

曼谷位于湄南河下游东岸，是东南亚第二大城市，是泰国最大的工商业城市，是泰国政治、经济、文化的中心。曼谷是泰国的工业中心，是重要的交通枢纽。曼谷是世界著名的米市，其泰国米远销海外。曼谷港是全国水运吞吐量最大的港口。曼谷集中了泰国大约80%的高等学府，其名胜古迹数不胜数，以佛寺为最多，大小庙宇共有400多座，在众多的寺院中，玉佛寺、卧佛寺、金佛寺最为著名，被称为泰国三大国宝。

湄南河

湄南河又名"昭披耶河"，是泰国最大的河流，被冠以泰国"生命摇篮"之称。湄南，泰文意为"河流之母"。上游有宾河、汪河、永河、难河四大支流，均源于缅甸掸邦高原，在那空沙旺汇成湄南河主流。在瓦信附近，湄南河分出右岸最大支流素攀武里河，与主流平行注入曼谷湾。其长1352千米，流域面积17万平方千米。在湄南河的中下游地区拥有广阔的平原和三角洲，是著名稻米产区。河渠纵横交错，灌溉、航行便利，航程约400千米，担负起了泰国灌溉与交通的双重责任。由于湄南河携带大量泥沙，河口每年向外伸展4.5~6米。

新加坡

新加坡旧称为星嘉坡或星加坡，其在马来语中是"狮子城"的意思，因此又有"狮城"之称。新加坡位于马来半岛南面，地处太平洋和印度洋之间航运要道马六甲海峡的出入口，北与马来西亚隔海峡相望，南面与印尼隔海相邻，是东南亚诸国中最富庶的国家之一。新加坡全国总面为699.4

平方千米，总人口为484万，属热带海洋性气候。新加坡的经济传统上以商业为主，包括转口贸易、加工出口、航运等。国际贸易、加工业、旅游业是新加坡的三大支柱产业。新加坡更是世界金融中心之一。新加坡作为联系欧洲、美洲、大洋洲的重要枢纽，其交通十分发达，新加坡樟宜国际机场更是世界上最繁忙的航空港之一。

新加坡市

新加坡市原名单马锡，意为海城，是新加坡的首都，也是新加坡政治、经济、文化中心。新加坡市犹如一座奇幻美丽的大花园，享有"花园城市"的美誉。在新加坡市的任何地

☆ 新加坡城市一角

☆ 华灯初上的印度尼西亚

方你都不会找到垃圾、纸屑、烟头等废弃物。新加坡有一条成文的规定，建造新房时，建筑物只能占计划用地面积的35%，其余都用来绿化。所以，即使身处这样一个极为繁荣的现代化都市之中，你仍旧可以感受纯净的大自然，呼吸最自然的空气，享受最完美的生活。新加坡市的旅游业十分繁荣，它虽然没有名胜古迹，却有宜人的气候、良好的市政建设和周到的服务，吸引了众多的游人到此，新加坡市已成为世界著名的旅游中心。

圣淘沙岛

"圣淘沙"在马来语中意思是"宁静的岛屿"。圣淘沙岛位于新加坡本岛以南500米处，东西长4千米，南北宽1.6千米，面积为3.47平方千米，也是新加坡本岛以外的第三大岛。这里是集主题乐园、热带度假村、自然公园和文化中心于一体的大型度假胜地，也是新加坡目前最大的旅游胜地。美丽的海滩、洁净而又多变的海水、丰富多彩的动物王国以及现代的度假生活设施共同打造出一个古朴与时尚、自然与现代相交融的美丽岛屿。

印度尼西亚

印度尼西亚地处亚洲东南部，横贯赤道的群岛国印度尼西亚是世界上最大的"海国"。印度尼西亚全国总面积为190.4443平方千米，属于热带雨林气候。因其拥有岛屿数量达到17508个，所以素有"千岛之国"的美誉。

印度尼西亚工业主要是外向型的制造业，主要部门有采矿、纺织、轻工等。农业在国家经济中占有重要地位。其矿产主要有石油、天然气、煤、锡、铝矾土、镍、铜、金、银等。旅游业是印度尼亚西重要的支柱产业，也是其创汇行业。其主要景点有巴厘岛、婆罗浮屠佛塔、"美丽的印度尼西亚"缩影公园、日惹皇宫、多巴湖等。

巴厘岛

巴厘岛位于小巽他群岛西端，是千岛之国印度尼西亚众多岛屿中最为光彩夺目的一座。巴厘在印尼语中意为"诗之岛"，素有"舞之岛""花之岛""南海乐园""神仙岛"等美誉。该岛东西宽140千米，南北相距80千米，全岛总面积为5620平方千米。远观该岛像镶在指环上的翡翠宝石，四面被金色的海滩所围绕。莱松巫火山、阿贡火山，是岛上最大的火山群。巴厘岛上的众多庙宇使其成为宗教色彩浓重的岛屿。而巴厘岛的民间生活习惯更是别有特色。现在的巴厘岛已经成为世界著名的海滨胜地与影视外景地，每年都会有不计其数的旅游者来此地度假游玩。

婆罗浮屠

"婆罗浮屠"在梵文中的意思是"山丘上的佛塔"，是举世闻名的佛教千年古迹，也是全世界现存最大的佛教建筑遗址。它位于印度尼西亚爪哇岛中部马吉冷婆罗浮屠村，婆罗浮屠与中国的长城、印度的泰姬陵、柬埔寨的吴哥古迹和埃及的金字塔齐名，被世人誉为古代东方的五大奇迹。婆罗浮屠是实心的佛塔，没有门窗，也没有梁柱，是一座历史价值同艺术价值并存的佛教艺术建筑。1913年印度尼西亚政府向联合国教科文组织寻求帮助，要求维修和保护婆罗浮屠，随即婆罗浮屠成为世界文化遗产保护国际合作的起始范例之一。

☆ 美丽的巴厘岛

❾ 马来西亚

马来西亚位于东南亚马来半岛南部，地处太平洋和印度洋之间。马来西亚国土的北部与泰国接壤，西面濒临马六甲海峡，东面临近中国南海。马来西亚由13个州组成，地势北高南低，全境大部分是山地，有8条山脉平行纵列。平原面积小，分布于沿海地带。沙捞越地区，内地为山地，有森林广泛分布，北部沿海为平原。沙巴地区，平原分布于西部，内地为山地。海拔4101米的基纳巴卢山为全国最高峰。马来西亚的全国总面积为33万平方千米，总人口为271.7万，属于赤道雨林气候，全年高温多雨，北部有的地区有时会出现15～30天的干旱期。马来西亚以农业经济为主，依赖初级产品出口。大力推进出口导向型经济，电子业、制造业、建筑业和服务业发展迅速。工业重点发展电子、汽车、钢铁、石油化工和纺织品等。旅游业是马来西亚第三大经济支柱，第二大外汇收入来源。主要旅游点有：吉隆坡、云顶、槟城、马六甲、浮罗交怡岛、刁曼岛、热浪岛、邦咯岛等。

吉隆坡

吉隆坡是马来西亚联邦的首都，也是马来西亚最大的城市和全国经济、文化和交通中心。"吉隆坡"在马来语里的意思是"泥泞的河口"。其地理位置在雪兰莪州之中，马来西亚半岛中央偏西海岸。吉隆坡的建筑具有浓郁的多民族特色，古老的、现代的、东方的、西方的，各式建筑和谐并存，到了夜晚吉隆坡就成为灯火辉煌的乐园。因此，吉隆坡又有"灯火花园城"的称号。吉隆坡曾于1998年举办英联邦运动会，也是第一个举办此运动会的亚洲城市。坐落于吉隆坡市中心的国油双峰塔是吉隆坡的著名地标。目前，许多联邦政府机构已迁往布城。

云顶高原

云顶高原素有"南方蒙地卡罗"

☆ 吉隆坡夜景

的美誉，是马来西亚新开发的旅游和避暑胜地。它位于鼓亨州西南吉保山脉中段东坡，吉隆坡东北约50千米处，东面有森巴山，西面是朋布阿山，登山公路曲折迂回，是东南亚最大的高原避暑地。云顶的建筑群位于海拔1772米的乌鲁卡里山，在云雾的环绕中犹如云海中的蓬莱仙阁，又如海市蜃楼。在这里可以饱览云海变幻莫测的奇观。由于山中云雾缥缈，令人有身在山中犹如置身云上的感受，而得此名。

刁曼岛

刁曼岛位于马来西亚半岛东海岸外约30千米处，是火山群岛中最大的一个，是马来西亚邻国新加坡人旅游的最爱。肉眼就可透视到13米深的海底的良好水质，使其自然成为了世界知名的潜水天堂。刁曼每年的4月到10月间最适合潜水。除了潜水，刁曼岛还有很多精彩的水上活动，如风帆、水上摩托车、香蕉船、独木舟、冲浪、快艇等等。

不敢亲身入水者还可以在根定海湾附近进行森林探险。在原始丛林中，游客可以穿梭在宛如大蛇缠绕的野藤蔓间，听着此起彼伏不知名的鸟叫虫鸣，欣赏开得灿烂鲜艳的野花、顽皮跳动的猿猴以及蛮横的大蜥蜴。刁曼岛上只有一家五星级酒店为游客提供各种服务。

❾ 菲律宾

菲律宾位于亚洲东南部，北与中国台湾省隔海相望，南和西南与印度尼西亚、马来西亚遥遥相对，菲律宾是东南亚最著名的岛国之一。菲律宾全国有大小岛屿7107个，这些岛屿如同一颗颗闪烁的明珠散布在西太平洋上。菲律宾总面积为29.97万平方千米，属季风型热带雨林气候。

菲律宾同印度尼西亚一样都是一个岛国，但两者各有自己的特色。菲律宾的巧克力山、马荣火山都是著名的旅游景点。菲律宾人的独特生活风俗也是其吸引众多游客的重要因素。

马尼拉

马尼拉是菲律宾共和国的首都，也是全国最大的港口城市。它地处菲律宾群岛中最大的岛屿——吕宋岛西岸，也称"小吕宋"，濒临天然的

☆ 菲律宾街头

☆ 马尼拉教堂

探索
世界
地理未解之谜

tansuoshijiediliweijiezhimi

优良港湾——马尼拉湾。马尼拉建在巴石河两岸，河流把城市分成两大部分，14个区中的7个区在巴石河北岸，6个区在南岸，一个区被巴石河分成南北两部分，河上的6座桥梁把城市南北两部联结起来。

1976年11月，菲律宾政府决定把马尼拉、奎松、卡洛奥坎、帕萨伊4个市和玛卡蒂等13个区合并，组成大马尼拉市，面积达626.58平方千米，人口约800万，是亚洲最大的城市之一，也是亚洲最欧化的城市，其有"亚洲的纽约"之称。而现今的马尼拉更被评为世界级城市。

碧瑶市

碧瑶市是位于吕宋岛北部高山省境内哥迪利拉山脉中的一个小都市。整个城市风景如画，旧式西班牙建筑掩映在葱翠的山林树木之中，市内满目松树，是一个景致迷人的度假胜地。

碧瑶原是菲律宾北方山区部落伊戈洛特等少数民族聚居的地方，建市至今才80多年，和马尼拉、宿务一起被认为是菲律宾华人的主要聚居城市。随着经济的发展，加上优美的自然风景和凉爽的气候，是绝好的避暑胜地，有钱人趋之若鹜，纷纷来这里盖别墅，建娱乐设施。"碧瑶"这一称呼，当地土话意为"风景"，后来福建籍的华侨用闽南话称它为"碧瑶"，既谐音又雅气。古人称"瑶池"为仙景，云雾缭绕的迷人山城——碧瑶真的如仙境一般。

· 知识外延 ·

仰光大塔：仰光大塔又称为"瑞大光塔"。"瑞"在缅甸语中是"金"的意思，"大光"是"仰光"的古称，故而得名。仰光大塔位于仰光市区北部茵雅湖畔的丁固达拉岗上，是座世界著名的佛塔。其高度为98米，表面贴有金箔。这座被缅甸人认为是最神圣的佛塔不仅仅是佛教国缅甸的象征，还是佛教艺术宝库中的珍宝之一。该塔如倒置的巨钟，塔顶由黄金铸成，其上面的金属宝伞还镶满了各种宝石。这座缅甸仰光大金塔，与印度尼西亚的婆罗浮屠塔和柬埔寨的吴哥窟一起被称为东方艺术的瑰宝。在这座佛塔之中还供奉着四位佛陀的遗物。逢节日，信众们都会到大金塔拜佛，场面十分隆重和庄严。

缅甸

缅甸坐落于中南半岛西部，西南濒临安达曼海，西北与印度和孟加拉国交界，东北与中国接壤，东南与泰国和老挝为邻。缅甸的全国总面积为67.6581平方千米，属于热带季风气候。缅甸是一个传统的农业国家，其素有"稻米之国"的美称。农作物主要有稻谷、小麦、玉米、棉花、甘蔗和黄麻等。缅甸盛产的玉石和宝石在世界上享有盛誉，其柚木被称为"树木之王""缅甸之宝"，被国人视为国树。

缅甸是东南亚一个信奉佛教的国家，在这里拥有像仰光大金塔一样的众多佛教塔楼与庙宇。缅甸还是一个自然环境优美，民族风情浓厚的国家，在这里你能感受到一个传统的东方国度的独特魅力。

仰光

仰光是缅甸联邦的原首都和最大城市，素有"和平城"的美称。仰光地处缅甸最富饶的伊洛瓦底江三角洲，是缅甸的政治、经济、文化中心。

仰光是一座具有热带风光的美丽的海滨城市。城区三面环水，东面是勃固河，南面是仰光河，西有莱河。从仰光河的南部，沿东西两河之间向北扩展，是繁华的商业区，一条条笔直宽敞的大街上，花圃里鲜花盛开，人行道上绿树成行。市内的民间建筑具有传统的缅甸风格，同时也有不少西式建筑。缅甸政府大楼、中央银行、海关、仰光车站、邮电大楼等均是英式建筑。市内的北边有苗雅湖，南边有干基道湖，湖水清澈，波光潋滟，宛如两颗熠熠生辉的绿宝石。

☆ 仰光佛教建筑

南亚——被殖民者中断了的文明

南亚是世界四大文明发祥地之一，也是佛教的发源地。而达·伽马的到来让这块文明富饶的土地被富有野心的西方人了解，接下来的殖民统治中断了这里的文明与发展。

喜马拉雅山以南至印度洋的大陆部分被称为"南亚次大陆"。由于喜马拉雅山脉把南亚跟亚洲其他地区隔开，使南亚在地理上形成一个相对独立的单元。南亚是由南亚次大陆的大部分和附近印度洋中的岛屿共同构成的。其北部为狭长崎岖的喜马拉雅南侧山地，中部为略成弧形、广阔的恒河—印度河低地，而南部则是西部略高、东部略低，起伏平缓的德干高原，总面积达448万平方千米。它属热带季风气候，全年高温，各地降水量相差很大。

南亚地区界线明显，年轻的褶皱山脉围绕在半岛的北面，南临大海。这个区域内的国家包括了印度、巴基斯坦、孟加拉国、斯里兰卡、尼泊尔、不丹和马尔代夫。南亚次大陆包含了世界超过五分之一的人口，使它成为了世界上人口最多和最密集的地域，同时也是继非洲撒哈拉地区后全球最贫穷的地区之一。

孟加拉湾

孟加拉湾位于印度半岛、中南半岛、安达曼群岛和尼科巴群岛之间，深度在2000~4000米，南半部较深，有恒河、布拉马普特拉河等河流注入。北部大陆棚宽160千米，南部较窄。尼科巴—苏门答腊岛附近南北走向的印尼海沟是孟加拉湾主要海底特征之一，最深近4510米。其他有"无

☆ 南亚风光

底峡谷"、安德拉峡谷、克里希纳峡谷、马德拉斯峡谷、本内尔峡谷等。近海区域水温四季不变，向北逐渐下降。水流因季节而变化，东北季风使海水顺时针方向回流，东南季风时则相反。

恒河三角洲

恒河三角洲位于南亚次大陆东部，顶点在印度的法拉卡，西起巴吉拉蒂—胡格利河，东至梅格纳河，南濒孟加拉湾，分属孟加拉国和印度。它宽320千米，开始点距海有500千米，面积6.5万平方千米，是世界最大的三角洲。

恒河三角洲的大部分地区土壤肥沃，农业发达，人口密集，为南亚重要经济中心之一。其盛产黄麻、水稻、甘蔗等，是孟加拉国与印度重要的农业区，也是世界黄麻的最大产区。交通发达，大部分河流可通航，

里程达1万千米以上。三角洲汇集恒河、布拉马普特拉河、梅格纳河三大水系，河道密布。三角洲南部为沼泽地和红树林，当地称"松达班"。主要城市有加尔各答(印度)、达卡、吉大港(孟加拉国)等。

马尔代夫

马尔代夫位于印度南部约600千米和斯里兰卡西南部约750千米处，是印度洋上的一个群岛国家。马尔代夫国土由26组自然环礁、1192个珊瑚岛组成，分成19个行政组，分布在9万平方千米的海域内。在这些岛屿中，只有200座岛屿有人居住，其余990座岛屿均为荒岛。群岛地处印度洋北部，由两列南北延伸的珊瑚礁组成。马尔代夫共有珊瑚礁和浅滩2000多个，其中较大的有21个。最大岛屿是位于南部的哈杜马蒂环礁中的冈岛，面积近

☆ 浓郁的佛文化

☆ 美丽的马尔代夫

海产品,渔业是其国民经济重要组成部分。近年来,马尔代夫旅游业迅速发展,现在旅游业已超过渔业,成为马尔代夫第一大经济支柱。其交通运输业还是主要依靠船舶。

·相关链接·

13平方千米。马尔代夫全国总面积为298平方千米,总人口为35.9万,属于热带气候,大部分地区为热带季风气候,南部是热带雨林气候,气温和降水由北向南逐渐增加。

马尔代夫工业仅有小型船舶修造厂、海鱼和水果加工、编织、服装加工等手工业。其农业比较落后,农作物有小米、玉米、香蕉和木薯。椰子生产在农业中占重要地位。马尔代夫拥有丰富的海洋资源,有各种热带鱼类及海龟、玳瑁和珊瑚、贝壳之类的

马尔代夫博物馆:马尔代夫博物馆位于马累市中心,苏丹公园内。该馆是原苏丹王的府邸改建的。它是一座三层楼房。馆内陈列着苏丹王朝的宝座、皇冠、古炮、长矛和从入侵者手中缴获的武器,还有古老的、制作精良的、图案优美的手工艺品,如石刻、木雕和漆雕等。展品中有一支锃亮的铜制长枪,上面的字迹清晰,这是马尔代夫民族英雄穆罕默德·塔库拉夫·阿里·阿拉扎姆曾使用过的枪。他曾用这支枪打死了葡萄牙侵略者的首领,继而全歼葡军,为马尔代

☆ 来马尔代夫冲浪是很多人的最爱

夫赢得了自由和独立。它是马尔代夫人民追求自由和独立的象征，因而这里代表着马尔代夫的历史与记忆。

天堂岛

天堂岛是马尔代夫非常著名的度假海岛，它的奢华远超出你的想象。岛上有40幢建在浅海的"水中别墅"，以及200套面向大海的海景套房。跨出房门台阶，就可以融入大海与沙滩的海天碧色之中。在这里可以从容地到当地的饭店享受特色的菜肴，也可以在海边的咖啡馆度过美妙的时光，同时这里还拥有众多的海上娱乐设施供游客选择。

在天堂岛上几乎每一天都可以身历海岛的风云变幻，从阴郁、狂风暴雨到晴空万里。最令人难忘的是那海的蓝色，那是一种纯纯的粉蓝，船航行在海面上，像是悬浮在无瑕的碧绿上面，看过了就叫人无法忘记。阳光出来的时候，配上白色的沙滩、翠绿的树、碧蓝的天空，这才知道什么叫风景如画！

印度

印度与中国、古巴比伦、埃及并称为世界四大文明古国，是古老文明的发祥地。印度位于亚洲南部，是南亚次大陆最大的国家。其东临孟加拉湾，南与斯里兰卡、马尔代夫隔海相望，西濒阿拉伯海，与巴基斯坦、中国、尼泊尔、不丹、缅甸和孟加拉等国接壤。印度全国总面积为298万平方千米，属于热带季风气候。印度的纺织、食品、精密仪器、汽车、软件制造、航空和空间等新兴工业发展迅速，但农业仍然是印度的重要经济支柱。印度煤炭的蕴藏量位居世界第四，主要的自然资源还有铁矿、锰、云母、钛矿、天然气、石油、钻石等。旅游业是政府重点发展的对象。而印度的电影、文学等文化领域更是受世界瞩目，素有"东方好莱坞"之称。

☆ 印度建筑

☆ 印度门广场

探索
世界
地理未解之谜

taussuoshijiediliweijiedimi

图庙。

加尔各答

加尔各答位于印度东部的恒河三角洲，海拔高度介于1.5米到9米之间，是印度的最大城市，也是印度的主要港口。加尔各答都市面积为1300平方千米，在纬度较低的印度热带地区，气候终年炎热，年降雨量1000多毫米。一年四季绿树葱茏，鲜花盛开。加尔各答市从出现和繁荣直到今天，只有二三百年的历史，但它因其古老的印度文明，众多的文物古迹，奇特的宗教习俗，独特的民间艺术等深深地吸引着世界各地的游客。

恒河

恒河是印度北部的大河，自远古以来一直是印度教徒的圣河。其大部流程为宽阔、缓慢的水流，流经世界上土壤最肥沃和人口最稠密地区之一。恒河源出喜马拉雅山南麓加姆尔的甘戈特力冰川，总流向是从北到西北至东南。在三角洲，水流一般南向。其全长2700千米，流域面积106万平方千米，其中在印度境内长2071千米，流域面积95万平方千米。流域面积占印度领土1/4，养育着高度密集的人口。恒河流经恒河平原，这是印度斯坦地区的中心，亦是从公元前3世纪阿育王的王国至16世纪建立的莫卧儿帝国为止一系列文明的摇篮。恒河大部流程流经印度领土。

新德里

新德里是印度共和国首都，是全国政治、经济和文化中心。新德里是一座既古老又年轻的城市，总面积为1485平方千米。如果说旧德里展现了印度悠久的历史和灿烂的古文化，新德里则是印度近代摆脱贫困、独立前进的象征。城市以姆拉斯广场为中心，城市街道成辐射状，蛛网式延伸的建筑群大多集中于市中心，政府主要机构集中在市区，从总统府到印度门之间绵延几千米的宽阔大道两旁，白色、淡黄色和浅绿色的小楼错落有致地掩映在浓荫绿树之中。在新德里寺庙随处可见，最有名的一座神庙是比拉财团出资修建的拉希米—纳拉

♪尼泊尔

尼泊尔位于喜马拉雅山的南坡，是一个名副其实的内陆国家，其北边与中国的西藏自治区接壤，东、西、南三面均被印度包围，是一个长方形的国家。尼泊尔地形以山地为主，地势北高，相对高度差之大为世界所罕见。其国土主要特点为南部是土壤肥沃的冲积平原，中部为河谷区，北部则是终年积雪的山地地区。由于其东、西、北三面被群山环绕，因此尼泊尔自古有"山国"之称。尼泊尔全国总面积为14.7万平方千米，分属于北部高山、中部温带和南部亚热带三个气候区。尼泊尔为农业国，经济落后，是世界上最不发达国家之一，主要农作物有稻谷、玉米、小麦，经济作物主要是甘蔗、油料、烟草等。工业主要有制糖、纺织、皮革制鞋、食品加工、香烟和火柴、黄麻加工、砖瓦生产和塑料制品等。尼泊尔资源相对丰富，铜、铁、铝、锌、磷、钴、石英、硫黄、褐煤都具有一定的存储量，但只得到少量开采。其水利资源丰富，约占世界水电蕴藏量的2.3%。丰富的文化和宗教遗产、可供印度教徒和佛教徒朝圣的精美古典建筑、14个国家野生动植物保护公园以及众多

☆ 加尔各答

的纯正自然之景，将尼泊尔打造成了一个旅游天堂。

博克拉河谷

博克拉河谷是尼泊尔最著名的风景区，有"人间天堂"和"梦境"之称。它位于加德满都西约200千米处，是文明世界的世外桃源。博克拉因能以最好的角度眺望壮观的喜马拉雅山脉而闻名于世。站在博克拉河谷上，可看到湖面上倒映的喜马拉雅雪山的美丽影像，湖畔上开满鲜花，耸立着皇家别墅。湖面水平如镜，游船星布。博克拉河谷中还有深不可测的马亨德拉岩洞，这里被信徒们视为其心中的朝圣之地。

印度泰姬陵：泰姬陵是印度的标志之一，也是到印度旅游的必到之地。泰姬陵坐落在亚穆纳河畔南岸，被誉为"世界七大建筑奇迹之一"，是莫卧儿王朝第五代皇帝沙·贾汉为纪念其妻阿柔曼巴纽皇后所建造的陵墓。泰姬陵的艺术水平很高，集中印度、中东及波斯的艺术特点，整座建筑体形雄浑高雅，轮廓简洁明丽，被人们称作是"完美建筑"。泰姬陵并没有一般陵寝的冷清之感，相反她在一天中的不同时间都有着不同的景色，令人流连忘返。

☆ 美丽的海岛

第二章

欧　洲

　　欧洲是欧罗巴洲的简称，意思是"日落的地方"或"西方的土地"。欧洲是世界海拔最低的洲。它北靠北冰洋，西临大西洋，东与亚洲大陆连成一块，南隔地中海和直布罗陀海峡与非洲大陆相望，欧洲总面积1016万平方千米，共有45个国家和地区，是人口密度最大的一个洲。法国境内的勃朗峰是欧洲第一高峰，俄罗斯境内的伏尔加河是欧洲第一长河，多瑙河为第二长河，也是世界上流经国家最多的河流。

南欧——地中海气候最为显著之地

南欧地区是位于阿尔卑斯山脉以南的欧洲诸国的统称。其西南以直布罗陀海峡、东南以达达尼尔海峡、马尔马拉海和博斯普鲁斯海峡与非洲、亚洲分隔。本区包括意大利、希腊、罗马尼亚、西班牙、保加利亚、塞尔维亚等国家，面积166万多平方千米，其气候属于典型的地中海型，冬季温和多雨，夏季炎热干燥。

南欧东部的爱琴海地区，是世界古文明的发祥地之一。

地中海

地中海被北面的欧洲大陆、南面的非洲大陆和东面的亚洲大陆包围着。它是世界最大的陆间海，东西共长约4000千米，南北最宽处大约为1800千米，面积约为251.2万平方千米。它以亚平宁半岛、西西里岛和突尼斯之间突尼斯海峡为界，分东西两部分。其平均深度1450米，最深处5092米。盐度较高，最高达39.5‰。地中海是世界上最古老的海，历史比大西洋还要古老。沿岸海岸线曲折，岛屿众多，其中西西里岛是地中海上的第一大岛，撒丁岛排位第二。地中海处在欧亚板块和非洲板块交界处，是世界强地震带之一，有维苏威火山、埃特纳火山。地中海的沿岸夏季炎热干燥，冬季温暖湿润，被称作地中海型气候。地中海沿岸的植被，以常绿灌木为主，叶质坚硬，叶面有蜡质，根系深，有适应夏季干热气候的耐旱特征。这里是欧洲主要的亚热带水果产区，盛产柑橘、无花果和葡萄等，还有木本油料作物油橄榄。西班牙、西西里、利比亚和突尼斯沿岸

☆ 地中海日出

发现了石油，亚得里亚海发现了天然气。旅游业是地中海沿岸许多国家的重要收入来源。

地中海在交通和战略上均占有重要地位。它西经直布罗陀海峡可通大西洋，东北经土耳其海峡接黑海，东南经苏伊士运河出红海达印度洋，是欧亚非三洲之间的重要航道，也是沟通大西洋、印度洋的重要通道。沿岸重要海港有直布罗陀（英）、马赛（法）、热那亚（意）、那不勒斯（意）、斯普利特（克罗地亚）、里耶卡（克罗地亚）、都拉斯（阿尔巴尼亚）、阿尔及尔（阿尔及利亚）、塞得港（埃及）等。

直布罗陀海峡

直布罗陀一名源于阿拉伯语，意为"塔里格山"。直布罗陀海峡位于西班牙最南部和非洲西北部之间，是连接地中海和大西洋的重要门户，全长约90千米。该海峡最窄处仅14千米，其西面入峡处最宽，达43千米，最浅处水深301米，最深处水深1181米，平均深度约375米。自大西洋经直布罗陀海峡流向地中海的海流速度为每小时4千米。早年它就被大西洋航海家们所利用，地中海沿岸国家的探险船队曾频繁地通过这里而到达大西洋，从而完成他们的探险之举。今

日的直布罗陀海峡仍是大西洋通往南欧、北非和西亚的重要航道。

直布罗陀海峡扼地中海和大西洋航道的咽喉，和地中海一起构成了欧洲和非洲之间的天然分界线。海峡的北岸是英属直布罗陀和西班牙，南岸是摩洛哥。对于大西洋和地中海来说，直布罗陀海峡真像它们的咽喉一样重要。

直布罗陀海峡除了沟通地中海和大西洋外，还是地中海的"生命源泉"。在地中海122米深处，有一股较重、较冷和较咸的洋流，源源不断地向西流出地中海。直布罗陀海峡为

☆ 直布罗陀海峡

☆ 巴尔干半岛风光

探索**世界**地理未解之谜

tansuoshijiedliweijiezhimi

地中海源源不断补充着海水。海峡风向多为东风或西风，从北方进入西地中海的冷气团在这里以低层高速的东风穿过，当地人称这种东风为累凡特风。累凡特风带动大西洋表层洋流向东经过直布罗陀海峡进入地中海，而且这股洋流的流量还大于地中海122米深处的西向洋流。因此，直布罗陀海峡的存在使地中海避免成为一个萎缩的盐国，其功绩实在不小。

南欧的三大半岛

南欧三大半岛包括亚平宁半岛、伊比利亚半岛和巴尔干半岛。

亚平宁半岛，也叫意大利半岛。

亚平宁山脉自北到南纵贯整个半岛，多火山地震。沿海多低地。包括意大利、圣马利诺共和国和梵蒂冈城。

伊比利亚半岛又称比利牛斯半岛，是欧洲第二大半岛。它位于欧洲西南部半岛，西、北临大西洋，东、南濒地中海，东北部的比利牛斯山脉为天然界线。半岛面积约58.4万平方千米，大部分土地分属于西班牙和葡萄牙两国。葡萄牙的罗卡角是欧洲大陆的最西点，其地质基础为海底褶皱地块。梅塞塔高原占半岛面积一半以上，平均海拔610米。断块山地东西横穿高原，将南北分为两大盆地。由于山脉阻挡，海洋影响较难深入内陆。半岛约有1800条河流，最长的河流为塔霍河。半岛中部为温带大陆性气候，周围为地中海气候，冬季温湿，夏季干热。工业有采矿、冶金、造船、纺织等部门。农产以小麦、玉米、油橄榄、柑橘、葡萄等为主，多集中在有灌溉系统的沿海平原和河谷低地。中央高原多旱作谷物和以养羊为主的畜牧业。有色金属矿藏较丰富，能源矿藏较贫乏。半岛上的西班牙为世界旅游业发达的国家之一。葡萄牙沿岸中部盛产葡萄。

巴尔干半岛位于南欧东部，是南欧最大的半岛。其西临亚得里亚海，东滨黑海，东南隔黑海海峡与亚洲相望，北以多瑙河、萨瓦河至里雅斯特一线为界与中欧相连，南濒爱琴海和伊奥尼亚海。半岛面积约50.5万平方千米，包括希腊、保加利亚、阿尔巴尼亚、马其顿、南斯拉夫联盟、罗马尼亚及土耳其部分领土。半岛地处欧、亚、非三大陆之间，是联系欧亚的陆桥，东南有黑海海峡扼黑海的咽喉，地理位置极其重要。地形以山地为主。半岛西部有迪纳拉—品都斯山脉，中东部有喀尔巴阡—老山(巴尔干)山脉。老山山脉是阿尔卑斯、喀尔巴阡山的延伸，经南斯拉夫东部，横贯保加利亚中部，直临黑海。东西两列山脉之间是古老的罗多彼山脉和马其顿山丛，最高峰穆萨拉峰海拔2925米。半岛上平原分布零散，仅萨瓦河、多瑙河、马里查河河谷较宽广。半岛西部和南部属地中海式气候，冬季温和湿润，夏季炎热干燥；其他地区为温和大陆性气候。除多瑙河、萨瓦河外，河流多短小流急，水力资源丰富。南部为地中海景观，生长着由地中海型栎、杉等组成的硬叶常绿林及常绿灌丛；北部及内部山区为温带阔叶林。半岛上有森林资源及煤、

☆ 美丽的半岛风光

☆ 意大利国旗

铜、石油等矿产资源。巴尔干半岛是人类文明较早发祥地之一，特别是其南部曾孕育了著名的古希腊文化。由于交通位置重要，20世纪的巴尔干半岛曾成为欧洲列强尖锐矛盾的焦点。1914年以奥地利皇太子在南斯拉夫被刺为导火线，爆发了第一次世界大战。

· 相关链接 ·

巴尔干半岛：巴尔干半岛是一个历史和地理上的名词，用以描述欧洲的东南隅位于亚得里亚海和黑海之间的陆地，详细的范围依照定义不同有许多种说法。该地约有550000平方公里和近5500万人口。在古典希腊时代的巴尔干半岛指的是哈伊莫司（Haemus）半岛。该地区采用其名称套用到通过保加利亚中心到东部塞尔维亚的巴尔干山脉上。巴尔干半岛与西班牙、葡萄牙所在的伊比利亚半岛以及意大利所在的亚平宁半岛并称为南欧三大半岛。

意大利

意大利意为"小牛生长的乐园"，古时又称为"艾诺利亚""艾斯佩利亚""威大利亚"。意大利位于欧洲南部，其亚平宁半岛在版图上看像是一只靴子，而其中所包括的西西里岛、撒丁岛等岛屿，就像是被踢出去的众多个球。意大利北与法国、瑞士、奥地利和斯洛文尼亚接壤，与突尼斯、马耳他和阿尔及利亚隔海相望。东西南三面全部临海。全国总面积为30.13万平方千米，意大利领土面积的23%为平原地带，35%为山地，42%为丘陵地带，大部分地区属亚热带地中海气候。意大利的主要工业部门有钢铁、汽车、造船、机械、化学、电子、纺织等，所需能源和原料依赖外国进口，但其原油加工业发达，素有"欧洲炼油厂"之称。其家庭式微型企业为主的"地下经济"也十分繁荣。

意大利因其拥有美丽的自然风光和为数众多的人类文化遗产而被称为美丽的国度。意大利处处都透露着文艺复兴时期的气息，气势恢宏的古斗兽场、景致独特的圣·马可大教堂、尽显女性优雅高贵气质的百花大教堂，无不散发着古老而又神秘的风韵。

罗马

罗马是意大利的首都，也是意大利的第一大城市。罗马位于台伯河下游平原，东距第勒尼安海25千米，最早的罗马便是在台伯河边上的七座小山上建立起来的，所以罗马又被称为"七丘城"。亚平宁山脉把意大利半岛分成了东西两部分。亚平宁山脉旁边有一条台伯河，罗马就位于台伯河流入地中海的海拔最低30千米处。

罗马是古罗马帝国的发祥地，也是文艺复兴时期的艺术圣地。其工业有食品、纺织、机械、印刷、化工、

电子和塑料等，也是意大利电影工业的主要中心。西北沿海的奇维塔韦基亚为其主要港口。罗马气候温暖，四季鲜明，春季正是一年中最适合出游的季节。罗马是一座名副其实的旅游之城，有"永恒之城"的美誉。在这里你可以找到各种不同的旅游景点。科洛西姆大斗兽场、大杂技场、潘提翁神庙、戴克里先公共浴场等都是远近闻名，市内的许愿池又叫幸福喷泉，如今已经成为罗马的象征之一。

威尼斯

威尼斯是闻名世界的美丽水城，有

☆ 罗马街头

☆ 威尼斯"水巷"

"水上都市"、"百岛城"、"桥城"之称。威尼斯位于亚得里亚海威尼斯湾西北岸,是一座河道纵横、桥梁如梭、人们多以舟代车的特殊城市。它工商业繁荣,以生产珠宝玉石工艺品、玻璃器皿、花皮革制品、花边、刺绣等著称。市内的圣·马可大教堂、凤凰歌剧院以及世界上最美的广场圣·马可广场都是著名的名胜古迹。而令威尼斯真正得到人们喜爱的地方就是其独特的城市特色。这座城市的所有事物似乎都与两样东西有着密切的关系,这就是"水"和"桥"。蜿蜒穿城而过的河流,千姿百态飞架两岸的桥梁,轻盈纤细、造型别致的贡多拉船以及弥漫在河流之上那动

人的歌声构成了一个水上之都,一个如同水一般柔美纯净的城市。

亚平宁半岛和西西里岛

亚平宁半岛位于意大利南部、地中海中部,是欧洲南部三大半岛之一,形状犹如一只靴子,除了整个亚平宁山脉、圣马力诺及梵蒂冈都在半岛之上,意大利的大部分国土也在其上。亚平宁半岛从波河地区向南伸展960千米左右,最宽处240千米,东为亚得里亚海,南临爱奥尼亚海,西濒第勒尼安海和利古里亚海。亚平宁山脉自北到南纵贯整个半岛,多火山地震。沿海多低地,有意大利、圣马利诺共和国和梵蒂冈城。它属典型的地中海式气候,夏季干热,冬

☆ 宁静的半岛

季温湿，1月均温在10℃以上，7月均温23～25℃，年降水量在1000毫米以上。亚平宁山脉为阿尔卑斯山脉主干的南伸部分，纵贯亚平宁半岛南北。其海拔约1200米，最高峰大科尔诺山海拔2914米。山脉东坡缓，西坡陡。多火山、地震，著名的维苏威火山和庞贝古城就在半岛中西部。亚平宁山脉的河流都很短，以台伯河最重要，全长405千米，流经意大利首都罗马，注入第勒尼安海，水力资源丰富。

西西里岛是地中海最大和人口最稠密的岛，它属于意大利，位于亚平宁半岛的西南，东与亚平宁半岛仅隔宽3千米的墨西拿海峡。西西里岛的面积为2.5万平方千米。境内多山地和丘陵，沿海有平原，多地震，属于地中

海式气候，北部、西部较湿润，南部较干燥。农业以小麦、蔬菜、葡萄、棉花为主，并多柑橘、柠檬等亚热带水果。西海岸渔业发达，盛产沙丁鱼和金枪鱼。有硫黄等矿藏和盐场。20世纪50年代，在此发现石油和天然气，从而促进了地区工业的发展。公元前8世纪至公元前6世纪希腊人在岛东岸建立殖民地。公元前241年成为罗马帝国的一个省。以后历经汪达尔、拜占庭、诺尔曼人等统治，1442年并入西西里王国。不久又分裂，接受西班牙统治，1861年并入意大利王国。1946年5月起西西里岛获得自制权。

撒丁岛

撒丁岛是西地中海诸岛中面积仅次于西西里岛的第二大岛，位于意大利半岛海岸以西200千米，北距法国的科西嘉岛12千米，南距非洲海岸200千米。撒丁岛也是意大利的一个区，1861年成为统一的意大利国家的一部分。撒丁岛属亚热带和地中海型气候。地形主要为花岗岩和片岩构成的山地。最高点为真纳尔真图山脉，河流短且水流急。在撒丁岛东北部，山势逐渐下降为与斯梅拉达海岸线持平，同时斯梅拉达也是撒丁岛独一无二的海岸。西部的奥里司塔诺地势平坦，连接着岛上粮食、水果和蔬菜的主要产地——卡皮塔诺平原。经济以农业和采矿业为主。天然牧场覆盖全

☆ 撒丁岛风光

岛面积一半以上，广泛饲养绵羊和山羊。岛上出产小麦、大麦、葡萄、橄榄、软木和烟草。矿产资源丰富，有锌和铅(占意大利产量的4/5)、褐煤、萤石、铝土、铜和铁等矿藏。

　　撒丁岛的知名度远没有西西里岛或托斯卡纳高，但在欧洲，它却是皇室政要和明星们趋之若鹜的度假地，大概就是因为这是块美丽而淡泊的天堂之地。

葡萄牙

　　葡萄牙在拉丁语意为"温暖的港口"。葡萄牙处于欧洲伊比利亚半岛西南部，东面和北面毗邻西班牙，西南濒临大西洋。全国总面积92072平方千米。葡萄牙地势北高南低，地形多为山地和丘陵，特茹河、杜罗河和蒙特古河为其主要河流。其北部是梅塞塔高原，中部是山区，南部和西部分别为丘陵和沿海平原。葡萄牙北部属海洋性温带阔叶林气候，南部属亚热带地中海式气候，年平均降水量为500～1000毫米。纺织、制鞋、旅游、酿酒等产业为葡萄牙支柱产业。其国软木产量占世界总产量的一半以上，出口量位居世界第一。矿产资源较丰富，钨储量为西欧第一位。海洋捕捞以沙丁鱼、金枪鱼、鳕鱼为主。葡萄牙的旅游业在外汇收入中占有重要地位。葡萄牙人通常十分喜爱喝葡萄酒，他们生产的葡萄酒品种十分丰富，尤其是波尔图酒最受葡萄牙人的喜爱。

·知识外延·

　　酒都波尔图：波尔图又被称为

"酒都"，因其有几百年的酿酒历史。波尔图是葡萄牙第二大城，坐落在西北部的杜罗河口北岸，地处滨海平原，冬温夏凉，年降水量900毫米。土壤肥沃，附近为重要农业区，盛产葡萄、橄榄、柑橘。工业主要以纺织、皮革、炼铁、陶器等为主。波尔图向来以葡萄酒享誉世界，其标志性的特点在于：一是坐落在杜罗河畔绵延数里的巨大酒窖和河中的"酒船"，二是大街小巷无处不飘酒香。波尔图葡萄酒甘甜醇美，是葡萄酒中的极品。古老的教堂、博物馆和民居，现代的商业中心都给这座城市赋予了独特的味道。

☆ 里斯本城市一角

里斯本

里斯本是葡萄牙的首都，是葡萄牙的政治和文化中心。它位于伊比利亚半岛的特茹河河口，濒临大西洋。其面积82平方千米。里斯本北面为辛特拉山。葡萄牙最大的河流特茹河流经城市南部注入大西洋。受大西洋暖流影响，里斯本气候良好，冬不结冰，夏不炎热。一、二月份平均气温为8℃，七、八月份平均气温为26℃。全年大部分时间风和日丽，温暖如春，舒适宜人。里斯本是个工业发达的城市，其中以肥皂、军需品、钢材、玻璃、电子、人造黄油和石油产品等为主要产业，软木输出量居世界第一位。里斯本是葡萄牙的交通枢

☆ 杜罗河，葡萄牙的"母亲河"

探索世界地理未解之谜

tansuoshijiedilixeyjiezhimi

纽，也是葡萄牙的第一大港。同时里斯本还是葡萄牙最大旅游城市，拥有被称为世界上最壮丽的自然港口的"槁之海"等景点。

杜罗河

杜罗河是伊比利亚半岛第三大河流，发源于西班牙北部的乌尔维翁山，向西穿过卡斯梯林，多峡谷急流，下游在葡萄牙的波尔图注入大西洋。它是葡萄牙最大的水系，是北部河运交通主干道。河流全长776千米，流域总面积约为9.84万平方千米。杜罗河流域水网密布，支流众多，皮苏埃加河是杜罗河右岸最大支流。杜罗河流域水资源极为丰富，年平均流量为496立方米／秒，径流量156亿立方米。杜罗河流域蕴藏着极为丰富的水能资源，其中在西班牙境内的45条支流上已建水库45座，总库容65.1亿立方米，水电站142座，总装机达259.5万千瓦。杜罗河在高原区流经谷地，灌溉了青青的葡萄园，使葡萄园闪亮如珍珠，这条美丽的河流也被葡萄牙人称为"母亲河"。

航海家达·伽马

达·伽马是葡萄牙航海家，是从欧洲绕好望角到印度航海路线的开拓者。1497年7月8日，达·伽马受葡萄牙国王派遣，率船从里斯本出发，寻找通向印度的海上航路。船经加那利群岛，绕好望角，经莫桑比克等地，于1498年5月20日到达印度西南部卡利卡特。同年秋离开印度，于1499年9月9日回到里斯本。达·伽马在1502～1503年和1524年又两次到印度，促进了欧亚贸易的发展。在1869年苏伊士运河通航前，欧洲对印度洋沿岸各国和中国的贸易主要通过这条航路。这条航路的通航也是葡萄牙和欧洲其他国家在亚洲从事殖民活动的开端。

辛特拉地标

拥有着外型奇特白色烟囱的辛特拉国家宫是在1147年葡萄牙收复里斯本后才逐渐建立起来的。辛特拉国家宫的前身是里斯本政府首长的住

☆ 葡萄牙风光

就要数保存有葡萄牙最古老瓷砖的阿拉伯室，以马赛克瓷砖为地板和以橡木、栗木雕刻的天花板的摩尔风格礼拜堂以及以拥有被做成鸟鹊状天花板的鹊厅。

家，而之所以呈现今日的规模完全是因为经历了几代帝王的多次扩建。现在辛特拉国家宫已经成为辛特拉旧城的重要地标。在这座葡萄牙国王的宫殿内你可以轻易地找到15～16世纪的葡萄牙的家具与瓷砖，你也可以欣赏到镶有葡萄牙72个贵族家庭徽章的徽章厅，总之在这里你可以充分地体味到葡萄牙古老文化的印迹。另外在整座王宫中最为出彩、最吸引人的房间

西班牙

西班牙位于欧洲西南部的伊比利亚半岛，其东北与法国、安道尔接壤，西邻葡萄牙，北临比斯开湾，南与非洲的摩洛哥相望，东面和东南面濒临地中海。西班牙三面环海，其海岸线长约3904千米。境内多山，全国35%的地区在海拔1000米以上，是

☆ 西班牙城市一角

☆ 马德里街头

欧洲地势最高的国家之一。西班牙全境大致可以分为五个地理区：北部山区、中央高原、阿拉贡平原、地中海沿岸山地以及安达卢西亚平原。其南部的木拉散峰为全国最高峰，北部沿海是比斯开湾。著名的中央高原耸立在西班牙正中，约占全国面积的60%。西班牙北部和西北部沿海属海洋性温带气候；西北部较湿润，内陆和东南部较干燥；南部和东南部属地中海型亚热带气候；中部梅塞塔高原属大陆性气候；中部的马德里地区属于高原气候，夏季干热，冬季干冷；东北部的巴塞罗那地区则为最典型的地中海气候，其全国的气候特点极其复杂。全国总面积50.6万平方千米。主要工业部门有造船、钢铁、汽车、化工、皮革、电力等。汞储量占世界首位，盛产沙丁鱼和龙虾等。西班牙是一个一提到就会令人感到神经兴奋的国家。这个国家的皇家马德里足球队，为世界的球迷们献上了无数场精彩表演。西班牙的斗牛节以其独特的魅力

吸引着世界各地敢于冒险的人们踏上这个充满激情的红色的国度。

马德里

马德里是西班牙的首都，位于伊比利亚半岛中部。它是西班牙政治、经济、文化、交通和金融中心，是欧洲地势最高的首都之一，同时也是西班牙的第一大城市。马德里是一座工业比较发达的现代化城市。工业主要以机器制造业、化学工业、建筑业、皮革及木材加工工业、食品工业等为主。马德里素有"旅游王国中心"之誉，它拥有1000多个凯旋门、3000多个广场，著名的三大广场为太阳门广场、中心广场和西班牙广场。在自然女神广场上有着马德里市的标志雕塑"狮子战车"。这个广场还是著名球队皇家马德里球迷欢庆的地点。因此，马德里又被称为"欧洲文化名城"。

阿尔汗布拉宫

阿尔汗布拉宫始建于1354年，又称"红宫""摩尔宫"，是中世纪摩尔人在西班牙建立的格拉纳达王国的主宫。其整体风格呈现的是伊斯兰建筑风格，主要组成部分是两座长方形宫院及其厅房。阿尔汗布拉宫之所以被称为"红宫"是因为这里的四周都是用红色石块砌筑的。沿墙筑有或高或低的方塔。墙内有许多院落，其中最为著名的院落就是狮子院。坐落在狮子院的券廊和十二只狮子雕塑簇拥

☆ 弗拉门戈舞

着的喷泉堪称是整座建筑最为出彩的设计。除了标准的宫殿设计外，像所有的王室宫殿一样阿尔汗布拉宫也拥有着十分严密的城防系统。现在这座建筑风格极其富丽精致的皇家宫殿，已经成为了西班牙最重要、最美丽的伊斯兰教建筑。

弗拉门戈舞

弗拉门戈舞与斗牛并称为西班牙两大国粹之一。它源于吉卜赛、安塔路西亚、阿拉伯还有西班牙犹太人的民间歌舞。14～15世纪，吉普赛流浪者把东方的印度踢踏舞风、阿拉伯的神秘感伤风情融合在自己泼辣奔放的歌舞中，带到了西班牙。从19世纪起，吉普赛人开始在咖啡馆里跳舞，并以此为业。于是，弗拉门戈一词首先用来称呼他们当时的音乐和舞蹈。弗拉门戈舞蹈是一种即兴舞蹈，包括歌曲、音乐和舞蹈，没有固定的动作，全靠舞者和演唱、伴奏的人

以及观众之间的情绪互动。舞蹈热情、奔放、优美、刚健，形象地体现了西班牙人民的民族气质。由于西班牙政府以此推动旅游业，弗拉门戈舞已经成了西班牙舞蹈甚至西班牙文化的代表。

希腊

希腊坐落于欧洲东南部巴尔干半岛南端，是拥有文明最早的国家之一。希腊东北部与土耳其交界，西南邻爱奥尼亚海，东临爱琴海，南与非洲隔海相望，北部与阿尔巴尼亚、马其顿、保加利亚接壤。希腊的领土80%是山地，北部邻国马其顿和阿尔巴尼亚的石灰岩山脉向南延伸进入希腊半岛，成为其地形脊柱，并自北向南逐渐降低，岛屿则是这些山脉伸入到爱琴海时露出海面的山峰。希腊全国总面积为13.1957万平方千米。北部和内陆属于大陆性气候，南部地区及各岛屿属于地中海型气候。希腊的工业以冶金、电子、化学、纺织、造船和食品工业为主。农产品主要有小麦、玉米、烟草、干果等。希腊的旅游业十分发达，这是因为希腊自古以来就是一个以悠久文化历史而著称的国家。各样的神话与宗教、各种特色的建筑艺术、完美的文字诗歌和戏剧、精深的哲学历史都是希腊不可替代的象征，也正是这些吸引着慕名而

探索世界地理未解之谜

tansuoshijiedilweijiezhimi

☆ 雅典城

来的人们。最让希腊人感到骄傲的是希腊是奥林匹克的发祥地。

雅典

雅典是希腊的首都，是世界上最古老的城市之一，被称为"欧洲文明的摇篮"。雅典坐落在巴尔干半岛南端，希腊东南部，是希腊最大的城市。雅典拥有各种轻重工业，同时还盛产橄榄枝和大理石，是希腊的铁路和航空枢纽，是世界上较早拥有地铁的城市之一。比雷埃夫斯港是雅典重要的港口。以雅典卫城、伊瑞克提翁神庙、雅典市的博物馆、希腊民间艺术博物馆、古代市场博物馆等众多景点为主要参观对象的旅游业是雅典的

支柱产业。

伯罗奔尼撒岛与奥林匹克

伯罗奔尼撒岛位于科林西亚湾之南，是希腊一个十分著名的半岛。其半岛以仅宽6千米的狭窄陆地与希腊大陆相连。半岛之上是裸露着的石灰岩高原，其最高点海拔高达2376米。伯罗奔尼撒半岛西岸有一些大沙滩，但尚未充分开发，东岸则是一系列海

☆ 建筑中的雕塑运用

湾、海滩和石质岬角。伯罗奔尼撒岛上拥有公元前14世纪的迈锡尼和梯林斯古代遗迹、保存良好的埃皮扎夫罗斯古希腊剧场以及宙斯神殿所在地和奥林匹克运动会发源地奥林匹亚。这里更是以拥有世界七大奇迹之一——奥林匹亚的宙斯神像而成为世人瞩目的焦点。

奥林匹亚遗址地处于伯罗奔尼撒半岛西部，是古代奥林匹克运动会发源地，也是世界现存的最古老的运动场旧址，现在仍可看到石灰石铺的起跑点。奥林匹亚拥有著名的宙斯神殿、赫拉神殿、竞技场等20余处建筑遗址，其中的赫拉神殿是最为古老的一座。整个遗址堪称古代世界最高的建筑杰作之一。

巴特农神庙

巴特农神庙也称"希腊神庙"，位于雅典老城区卫城古城堡中心，素有"希腊国宝"之称。巴特农神庙是为雅典城邦守护神雅典娜而建的祭殿，是雅典卫城的重要主体。神庙外形呈长方形，由46根多饰带、92块白色大理石装饰而成，上面有描述希腊神话的游雕，巴特农神庙是多立克式建筑艺术的极品。

☆ 伯罗奔尼撒半岛

西欧——古代文明与现代科学完美结合之地

西欧地区是指欧洲西部的国家和地区。面积93万平方千米。包括英国、爱尔兰、荷兰、比利时、卢森堡、法国和摩纳哥。北部有斯堪的纳维亚山脉，南部有阿尔卑斯山脉，勃朗峰是本区最高的山峰。本区有世界最繁忙的海运通道英吉利海峡和多佛尔海峡，以及莱茵河、塞纳河、泰晤士河等河流。本区地处西风带内，气候温和湿润，降水丰沛且均匀，海洋性气候特征显著。西欧是资本主义经济最早发展起来的地方，是工业革命的发源地，也是当今世界上经济最发达的地区之一。

探索世界地理未解之谜

英国

英国全称为大不列颠及北爱尔兰联合王国，是联合国安全理事会常任理事国，是世界五个核大国之一。英国位于欧洲的西部，由大不列颠岛、爱尔兰岛东北部的北爱尔兰和一些小岛组成。英国分英格兰、威尔士、苏格兰和北爱尔兰四部分，此外还有12个属地，隔北海、多佛尔海峡、英吉利海峡与欧洲大陆相望。英国气候温

☆ 英国街头

和，可以说冬无严寒，夏无酷暑。热带的墨西哥湾暖流延绵数百千米宽，浩浩荡荡地流向欧洲西北岸，改称大西洋暖流，为英国带来了温和湿润的海洋性气候。英国1月份的平均气温约为4~7℃，7月份13~17℃。英国人常说："国外有气候，在英国只有天气。"这恰恰印证了英国天气多变的特点。由于英国所处的纬度较高，所以英国昼夜长短的变化特别明显。冬季日短夜长，夏季则正好相反，日长夜短。一般来说，夏天是到英国旅游最好的季节。

英国服务业和能源所占比重在不断增长，金融业是其贸易平衡的主力。英国主要的矿产资源有煤、铁、石油和天然气。旅游业是英国最重要的经济部门之一。英国拥有着神秘而古老的历史，一座座散发着远古气息的建筑的背后都隐藏了一段段神秘的历史，它们见证了英国的悠久历史，见证了英国这个绅士之国的发展历程。

伦敦

伦敦是英国的首都，由"伦敦市"和32个自治市组成"大伦敦"，面积1605平方千米，是英国的政治、经济、文化和交通中心，素有"雾都"之称。它位于英格兰东南部，横跨泰晤士河下游两岸，距河口88千米，海轮可直达。伦敦受北大西洋暖流和西风影响，属温带海洋性气候，

☆ 伦敦与2012奥运

☆ 英国建筑

四季温差小，夏季凉爽，冬季温暖，空气湿润，多雨雾，秋冬尤甚。20世纪初，伦敦人大部分都使用煤作为家居燃料，产生大量烟雾。这些烟雾再加上伦敦气候，造成了伦敦"远近驰名"的烟霞，伦敦并由此得名"雾都"。伦敦是英国加工工业最大的中心，是英国的铁路中心，还拥有完整的地铁网络。伦敦是世界上最大的国际港口，还是世界上最大的航运市场。伦敦的希思罗机场是欧洲客运量最大的国际机场。伦敦还有白金汉宫、大本钟、大英博物馆、蜡人馆、圣保罗教堂等众多旅游景观。

英伦三岛

英国由爱尔兰东北部和整个大不列颠岛及周围的小岛组成，分为苏格兰、威尔士、北爱尔兰、英格兰4个地区。其中北爱尔兰位于爱尔兰岛，其他三个地区则位于英国大不列颠岛本土，人们习惯上把这三个地区叫做英伦三岛。英伦三岛就是大不列颠的别称。

大不列颠岛是不列颠群岛中的第一大岛屿，也是欧洲最大的岛屿。岛周围环绕着超过1000座小型岛屿，面积为22.99万平方千米。该岛全境目前都为联合王国领土，常作为英国的代名词。

英吉利海峡

英吉利海峡位于欧洲大陆和大不列颠岛之间，西南通大西洋，东北经多佛尔海峡连北海，是隔离英国与欧洲大陆的海峡，又称拉芒什海峡。海峡长约563千米，平均宽度180千米，最大宽度220千米。其面积8.9万平方千米，平均水深60米，最大水深172米。最狭窄的水域为多佛尔海峡，多佛尔隔海与法国加莱相望。历史上曾在此发生多次军事冲突和海战。

英吉利海峡和多佛尔海峡是世界上海洋运输最繁忙的海峡，国际航运量很大，战略地位十分重要。目前每年通过该海峡的船舶达20万艘之多，居世界各海峡之冠。由于历史上它对西、北欧各资本主义国家的经济发展曾起过巨大的作用，人们把这两个海峡的水道称为"银色的航道"。峡区气候冬暖夏凉，气温年差较小，常年温湿多雨雾，日照甚少。在多佛尔海峡的法国海岸一侧，全年有200多个雨日，年降水量约800毫米；在英国海岸

一侧年降水量要少些，每周雨日也有3天。海峡地区多雾，经常灰雾茫茫，又加白浪滔滔，严重影响舰船的航行。潮差较大，有丰富的潮汐动力资源，潮汐以半日潮为主，但浅水分潮（主要是四分之一日潮）亦较显著。

该海峡资源丰富，蕴藏有石油、天然气，盛产青鱼、鲱鱼、鳕鱼和比目鱼等。海洋潮能约有8000万千瓦，约占世界海洋潮能（10亿～30亿千瓦）的3%～8%，是世界海洋潮汐动力资源最丰富的地区。1966年，法国在朗斯河口建成世界上最大的潮汐电站，总容量为24万千瓦，年发电量为5.44亿度。

伯明翰

伯明翰是英国第二大城市，有"世界车间"之称。伯明翰位于英格

☆ 英吉利海峡

☆ 伯明翰城市一角

探索
世界
地理未解之谜

tansuoshijiediliweijiezhimi

兰中部，分为新城和老城。老城车站是伯明翰市的中心，新城的英国工业展览会每年春季举办，向全世界展销其产品。伯明翰还是英国两大珠宝产地之一。因其地理位置和地位的重要，又被冠以"英格兰的大心脏"的称呼。

利物浦

利物浦是"浑水湾"的意思，它是英国的大工业中心和第二大商港。利物浦的新哥特式的回教大教堂、仿古典式的天主教大教堂、布莱克普尔的灯景等也是理想的旅游地。利物浦北部爱尔兰海岸上有最大的布莱克普尔海滨休养地。

剑桥

剑桥位于英格兰东区域，是英国历史最悠久的大学城。在这里，除了壮丽的剑桥大学建筑之外，还有古色古香的商店、宁静的公园、独树一格的茶艺馆以及代表剑桥现代化的百货公司、商店和运动设施。剑桥的休闲生活更令人向往，你可以在剑河上泛舟，参加音乐会或步行到郊外欣赏幽美景色，你还可以和剑桥居民一样，享受骑脚踏车的乐趣。当然这里还有着充满浓浓诗意的古老康桥。剑桥最美的季节是暮春时节，那些娇艳欲滴的繁花，那些绿波盈盈的草坪，还有那一泓碧水的剑河，无不时刻上演着一场场精彩的交响曲。建立在剑桥市的剑桥大学可谓是其最为著名的标志了。剑桥大学的各个学院更是散落在剑桥市的每一个角落，因此在这里既没有通常意义上的完整校园之界定，也没有校园即城市的说法，有的只是"校在城中建，城在校中生"的美丽图画。81位诺贝尔奖得主，7名首相以及不计其数的世界精英似乎都在印证着这所古老学府的浓厚底蕴。

者曾经在此执教或学习，70多人是剑桥大学的学生。剑桥大学和牛津大学是英国的两所最优秀的大学，被合称为"Oxbridge"。剑桥大学还是英国的名校联盟"罗素集团"和欧洲的大学联盟"科英布拉集团"的成员之一。世界各报刊以及研究机构的排行榜中，剑桥大学经常位居世界第一。

·相关链接·

剑桥大学：剑桥大学位于英格兰的剑桥镇，是英国也是全世界最顶尖的大学之一。英国许多著名的科学家、作家、政治家都来自于这所大学。剑桥大学也是诞生最多诺贝尔奖得主的高等学府，88名诺贝尔奖获得

法国

法国全称为法兰西共和国，是欧洲十大经济强国之一。法国位于欧洲大陆西部，西北与英国相望，濒临北海、英吉利海峡、大西洋和地中海四大海域。法国整体地势东南高西北低，向大西洋敞开，东部是阿尔卑

☆ 剑桥

☆ 法国骑兵

斯山地和侏罗山地，中南部为中央高原，西南边境有比利牛斯山脉，中央高原和比利牛斯山地间的西南地区为阿基坦盆地，北部是巴黎盆地，西北部为阿莫里坎丘陵。全境之内拥有包括欧洲最高峰勃朗峰在内的阿尔卑斯山脉、比利牛斯山脉、汝拉山脉等众多山川。卢瓦尔河、罗纳河、塞纳河、马恩河是其境内主要河流。全国总面积55.1602万平方千米，总人口6380万。法国的西部属温带海洋性气候，南部属地中海气候，中部和东部属温带大陆性气候。法国工业以钢铁、汽车、建筑为三大支柱，核电设备能力、石油和石油加工技术居世界

第二位。法国的农副产品出口居世界第一。法国拥有被称为"世界上最美丽的大街"之称的香榭丽舍大街，还拥有卢浮宫博物馆和巴黎圣母院等著名建筑物。法国的"巴黎时装周"、"波尔多红葡萄酒""戛纳电影节"更是令法国为之骄傲。法国素来以浪漫著称，是世界公认的浪漫之都。

巴黎

巴黎是法国的首都，世界著名的繁华大都市之一，素有"世界花都"之称。巴黎位于法国北部，塞纳河西岸，其面积105.4平方千米。城市本身居巴黎盆地中央，属温和的海洋性气候，夏无酷暑，冬无严寒；1月份平均气温3℃，7月份平均气温18℃，年平均气温

10℃。全年降雨分布均衡，夏秋季稍多，年平均降雨量619毫米。巴黎是法国最大的工商业城市，其汽车工业居全国首位，其四季商场乃是欧洲最大的商场。巴黎还是一座"世界会议城"，国际众多会议在此召开。巴黎的标志埃菲尔铁塔、文艺复兴时期最珍贵的宫殿建筑群卢浮宫以及巴黎圣母院都是人们参观游览的胜地。巴黎的香水工业被称为"梦幻工业"，其多种香水品牌更是世界闻名。

塞纳河

塞纳河是法国北部大河，是法国最大河流之一，全长780千米，包括支流在内的流域总面积为78700平方千米。它是欧洲有历史意义的大河之一，其排水网络的运输量占法国内河航运量的大部分。它像一条玉带，静静地流过巴黎市区，乘游船航行在塞纳河上欣赏两岸的名胜，别有一番情趣。流经的巴黎盆地是法国最富饶的农业地区。塞纳河从盆地东南流向西北，到盆地中部平坦地区，流速减缓，形成曲河，穿过巴黎市中心。巴黎就是在塞纳河城岛及其两岸逐步发展起来的。塞纳河上的36座桥是巴黎不可分割的一部分，它们和其他的名胜一样，为巴黎的美丽作着一份贡献。亚历山大三世桥建于1896年至1900年，是为了庆祝俄国和法国建立同盟关系而建的，长107米，宽40米，大桥将两岸的香榭丽舍与巴黎荣军院广场联结起来。

☆ 巴黎夜景

☆ 巴黎城市广场

探索世界
地理未解之谜
tansuoshijiedilweyjiezhimi

比斯开湾

比斯开湾是北大西洋东部的海湾，介于法国西海岸和西班牙北海岸之间，略呈三角形。其面积为19.4万平方千米，总体积约33.2万立方千米，平均深度1715米，最大深度5120米。注入海湾的主要河流有阿杜尔河、多尔多涅河和加伦河。沿海地带具有冬暖夏凉的海洋性气候，阴雨较多，常有风暴。受北大西洋环流的影响，海流在海湾内作顺时针方向流动。因有多条河流注入海湾，沿海渔业发达，产沙丁鱼、金枪鱼、鳕鱼、狗鳕以及龙虾、牡蛎等。重要海港有布雷斯特、南特、拉罗谢尔、波尔多等。

巴黎凯旋门：凯旋门坐落在著名的巴黎星辰广场中央，面对香榭丽舍大街，是为纪念奥斯特利茨战役的胜利而建立的。它高50米，宽45米，厚22米，门上有许多精美的雕刻，其中最为著名的是大型浮雕"马赛曲"。为纪念第一次世界大战中为法国捐躯的法国官兵，大门的下方设有无名战士墓，供人们悼念和缅怀先烈。

埃菲尔铁塔

埃菲尔铁塔耸立在巴黎市中心塞纳河南岸的战神广场上，是世界上第一座钢铁结构的高塔，被视为巴黎的象征，因法国著名建筑师斯塔夫·埃菲尔设计建造而得名。埃菲尔铁塔占地1万平方米，除了四个脚是用钢筋水泥之外，全身都用钢铁构成，塔高300余米，塔身总重量7000吨。塔分三层，第一层平台距地面57米，设商店和餐厅；第二层平台高115米，设有咖啡馆；第三层平台高达276米，供游人远眺。除了第三层平台没有缝隙外，其他部分全是透空的。从塔座到塔顶共有1711级阶梯，现已安装电梯，故十分方便。每逢晴空万里，这里可以看到远达70千米之内的景色。入夜，塔顶发出转动着的彩色的探照灯光，以防飞机碰撞。塔旁竖立长方形白色大理石柱，柱顶安放斯塔夫·埃菲尔镀金头像。

戛纳

戛纳位于法国东南部，是一座以举办电影节而蜚声国内外的美丽小城，是欧洲有名的国际名流社交集会场所。每年都会在这里举行一次电影节，戛纳电影节被誉为"电影界的奥运会"。电影节的建筑群包括25个电影院和放映室，6层高的电影节宫，还有一个拥有1500个座位的主电影院。除了每年一度的戛纳电影节，另外还举办国际赛船节、国际音乐唱片节、含羞草节等。

卢浮宫

卢浮宫又被称为罗浮宫，是世界上最古老、最大、最著名的博物馆之一。卢浮宫位于巴黎市中心，分希腊罗马艺术馆、埃及艺术馆、东方艺术馆、绘画馆、雕塑馆和装饰艺术馆6个部分。卢浮宫中收藏的艺术珍品不计其数，其中当属镇宫三宝："爱神维纳斯""胜利女神尼卡"和"蒙娜丽莎"最为著名。这座修建于13世纪的建筑，最初是作为王室城堡而建造的。这里曾经居住过50位法国国王和王后，是法国历史的见证者，现在这座著名的建筑已经被用于收藏展示世界艺术佳作了。整座卢浮宫除了众多的艺术作品吸引着大量游客之外，另一处引人瞩目的特色就当属"卢浮宫

☆ 埃菲尔铁塔

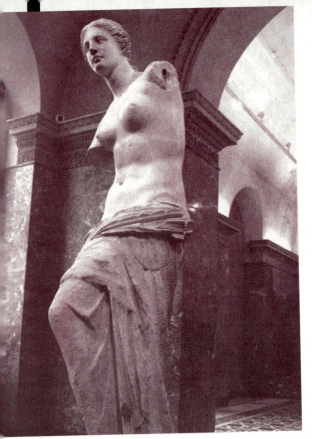

☆ 爱神维纳斯

金字塔"了。这座被设计为博物馆入口处的独特建筑是由美籍华裔建造师贝聿铭设计的,它的建造不仅仅为巴黎增加了一座美丽的建筑,更重要的是为整个卢浮宫的总体规划提供了一个大胆而富有创意的建议。

荷兰

"荷兰"在日耳曼语中叫"尼德兰",意为"低地之国"。荷兰坐落于欧洲西部,东面与德国为邻,西、北濒临北海,南接比利时。荷兰西部沿海为低地,东部是波状平原,中部和东南部为高原,荷兰1/4的土地低于

海面。自13世纪以来共围垦约7100多平方千米的土地,相当于全国陆地面积的1/5。境内主要有莱茵河、马斯河。荷兰总面积为41864平方千米,荷兰的气候属温带海洋性气候,冬温夏凉。荷兰是世界主要造船国家之一,是世界第三大农产品出口国,是世界主要蛋、乳出口国之一。荷兰拥有集欧洲最大的炼油中心和世界第一大港

为一身的鹿特丹。荷兰境内公路、铁路、水路、空路四通八达，有"北方威尼斯"的美誉。荷兰的风车、郁金香、奶酪、木鞋被称为荷兰四宝，驰名海外。

荷兰不仅是欧洲十大经济强国之一，还是欧洲著名的旅游胜地。在荷兰各地随处可见大大小小的古建筑与各色的博物馆，而其中最著名的就是阿姆斯特丹国家博物馆和位于阿姆斯特丹的凡·高博物馆。荷兰人的生活风俗更是充满异域情调。

鹿特丹

鹿特丹坐落于荷兰西南部莱茵河和马斯河河口，被誉为"欧洲最现代化的城市"。鹿特丹西依北海，东溯莱茵河、多瑙河，可通至里海，素有"世界

☆ 鹿特丹城市风光

☆ 闻名于世的荷兰风车

"第一大港"之称。鹿特丹的石油加工、造船、机械制造、制糖等工业都很发达。它也是欧洲最大的炼油基地,世界三大炼油中心之一。荷兰的造船业也集中在这里。为了防止水患,荷兰人民在鹿特丹南的海湾之间修建了一系列水坝,这就是著名的三角洲工程。荷兰的三角洲工程是迄今为止世界最大、最为壮观的防潮工程。

风车村

风车村是荷兰一处露天博物院,坐落在赞河河畔。在这里你可以参观保留的风车、传统的木鞋加工厂及奶酪加工厂。从300年前至今,这里的荷兰人依旧保持着靠风车为动力来磨面的习惯,风车村成为不可缺少的一道独特风景线。中世纪的村民小木屋、绿色的牧场、蓝丝绒的天空、错落有致的白色风车统一和谐地构成了一个童话般的仙境,令游人流连忘返。

比利时

比利时是世界十大商品进出口国之一,具有西欧"十字路口"之称。比利时东邻德国,北连荷兰,东南与卢森堡交界,南和西南与法国接壤,西北与英国相望。全境分为西北部沿海佛兰德伦平原、中部丘陵、东南部阿登高原三部分,全国面积2/3为丘陵和平坦低地,属海洋性温带阔叶林气候。境内主要河流有马斯河和埃斯考河。比利时总面积32547平方千米。比利时主要工业部门有钢铁、机械、有色金属、化工、纺织、玻璃、煤炭等。同时比利时又是世界十大商品进出口国之一。比利时还拥有蒙斯市、沙勒罗瓦、查理二世广场等旅游景点。每年9月底比利时的布拉邦特人都会举行自己的民间艺术节。

小于连铜像

小于连铜像是布鲁塞尔的标志性建筑，又被称为"撒尿的小孩"、"布鲁塞尔第一公民"。这座被称为是布鲁塞尔市标的小于连铜像就位于市中心广场之上。该铜像全身裸露，头发微卷，鼻子上翘，嘴角泛起微笑，旁若无人地挺着肚子撒尿（自来水），而每年狂欢节小于连还会撒啤酒。传说西班牙人曾欲将该城炸为平地，幸亏一个小孩子夜出撒尿，不经意地浇湿了炸药的导火线，才使得这座城市得以保全下来。而据说那个小男孩就是小于连，因此他后来被人们视为国家英雄，并在此为其建立了雕塑表示纪念。据说所有来到比利时访问的官员都会为小于连赠送一套新衣服，以表达对他的喜爱。现在这七百多件世界各国赠送的衣服就被展放在市区博物馆内，供游人欣赏。

滑铁卢

滑铁卢是拿破仑战败的地方。滑铁卢古战场就是当时这场战役的所在地。它位于布鲁塞尔以南约10千米处

☆ 比利时广场

的一片开阔地带。古战场中心是一座高约50米，方圆300米的人造土岗，岗顶屹立着一头重8吨的狮子，表示"威震"拿破仑。这里设有纪念馆、电影院等纪念设施。

爱尔兰

素有"绿岛"和"绿宝石"美誉的爱尔兰是一个被绿色覆盖的西欧国家，其东靠爱尔兰海，隔海与英国遥遥相望，西面濒临大西洋，东北部与英国的北爱尔兰紧紧接壤。爱尔兰全称为爱尔兰共和国，其全部国土都坐落在爱尔兰岛上。爱尔兰岛全岛面积为8.4万平方千米，其中的5/6属于爱尔兰共和国。爱尔兰的沿海多为高地，中部则是丘陵和平原，整体形似一个边缘陡峭的盆地。其最长的河为香农河，最大的湖泊为科里布湖。爱

☆ 爱尔兰岛

尔兰总面积为70280平方千米。其属于典型温带海洋性气候，全年气候温和湿润，四季区别不明显。爱尔兰是一个以农牧业为主的国家，被喻为是"欧洲的农村"。现如今生产业和服务行已经成为了爱尔兰的支柱产业。其工业主要有电子、电信、化工、制药、造纸、印刷、食品加工等众多部门。旅游业已经成为了本国外汇收入的重要来源。

都柏林

都柏林是爱尔兰首都，靠近爱尔兰岛东岸的中心点，也是爱尔兰岛上最大的城市。都柏林在爱尔兰语中有"黑色池塘"的意思，是指在黑色池塘旁边的定居地。作为爱尔兰文化中心的都柏林拥有着爱尔兰国家印刷博物馆、爱尔兰现代艺术博物馆、爱尔兰国家画廊、大型地方画廊、贝蒂图书馆以及爱尔兰国家博物馆的三个主馆。都柏林被称为世界最年轻的城市

之一，这里的居民大约一半都不到30岁。都柏林属于爱尔兰交通系统的中心点，其都柏林机场是该国最重要的飞机场，都柏林港更是全国最重要的海港。

爱尔兰岛

爱尔兰岛是欧洲的第二大岛，属不列颠群岛。它位于大西洋东北部、大不列颠岛以西，中隔爱尔兰海，南部是爱尔兰共和国，北部是英国的北爱尔兰。其南北长475千米，东西宽275千米，面积8.4万平方千米。中部平原面积较广，边缘为不高的山地，最高点为西南的卡朗图厄尔山，海拔1041米。河网稠密，主要河流有香农河、斯拉尼河、诺尔河、布莱克沃特河等。海岸曲折，大西洋沿岸有许多深入内陆的海湾。全岛属温带海洋性气候，温暖湿润，冬季很少降雪。岛上有泥炭、煤、铅、锌和磷灰石等矿藏。经济以畜牧业为主，种植业次之。香农河以东土地肥沃，以谷物种植为主，其余地区以饲养肉用牛、羊为主。工业有食品加工、机械等。重要城市有贝尔法斯特、都柏林、香农等。

爱尔兰岛是一个风景如画的地方，素有"翡翠岛"之称。丰富多彩的自然风光、绵延的海岸线和柔软的沙滩以及热情好客的人民，一切都那么让人神往。

香农河

香农河是爱尔兰最长的河流，也是不列颠群岛最长的河流，全长约400千米，宛如一条绿色飘带系在爱尔兰这颗"绿色宝石"上。香农河的源头位于爱尔兰西北部奎尔卡山西麓的香农潭。香农河的得名源于一名叫做香农的美丽公主，她为求真谛，奋不顾身跳入神鱼居住的水潭中，神鱼鼓动潭水，使波涛大作化作河水奔流。从此香农河向南流经中部平原，奔向大西洋，其过程中形成宽阔的三角形河段。现在香农河河口的渔业十分繁荣，其主要盛产鲑鱼和鳗鱼。如今位于入海口右岸的香农海滨小镇已经成为重要的旅游胜地，这里每年都会举行中世纪古堡聚会。聚会上主人会打扮成中世纪骑士模样，女侍则身着传统的细腰拖地长裙等华丽服装为客人们服务并表演民族歌舞，整个场面异彩纷呈。

都柏林城堡

建于1204年8月的都柏林城堡是英格兰的约翰王在当时为了盛放其金银珠宝所下令建设的。然而在1684年都柏林城堡曾经遭遇过一场浩劫，一场大火几乎毁掉都柏林城堡的一大半。而现在可以看到的几乎是18世纪修建的。都柏林城堡呈正方形，四角由四座陪堡组成，其城堡内拥有圣帕特里克厅、王座厅等活动场所。这座曾经见证了爱尔兰变迁的历史见证者，如今依然是爱尔兰政府重要国事活动的举办场所。

中欧——音乐艺术的圣地

中欧地区指波罗的海以南、阿尔卑斯山脉以北的欧洲中部地区，包括匈牙利、德国、奥地利、瑞士等国家。地形多样，西北部是波德平原；南为阿尔卑斯山脉、喀尔巴阡山脉；东有多瑙河流域的匈牙利平原。主要矿物有褐煤、硬煤、钾盐、铅、锌、铜、铀、菱镁、铝土和硫黄等。农作物以小麦、大麦、黑麦、马铃薯和甜菜为主，还产温带水果。畜业较发达，瑞士的西门达尔牛、萨能山羊、吐根堡山羊等优良畜种世界闻名。经济发展的总体水平高于东欧和南欧，但是低于西欧和北欧。

探索世界地理未解之谜

tuansuoshijiedliiweijiezhimi

阿尔卑斯山脉

阿尔卑斯山脉是欧洲最高大、最雄伟的山脉。它西起法国东南部的尼斯，经瑞士、德国南部、意大利北部，东到维也纳盆地，呈弧形贯穿了法国、瑞士、德国、意大利、奥地利和斯洛文尼亚6个国家，绵延1200千米，并且将中欧和南欧分隔开来，成为一条天然的分界线。

山脉主干向西南方向延伸为比利牛斯山脉，向南延伸为亚平宁山脉，向东南方向延伸为迪纳拉山脉，向东延伸为喀尔巴阡山脉。山势高峻，平均海拔约3000米。海拔4000米以上的山峰有100多座，耸立于法国和意大利之间的主峰勃朗峰，海拔4807米，是欧洲第一高峰。阿尔卑斯山脉可分为3段。西段西阿尔卑斯山从地中海岸，经法国东南部和意大利的西北部，到瑞士边境的大圣伯纳德山口附近，为山系最窄部分，也是高峰最集中的山段。中段中阿尔卑斯山，介于大圣伯纳德山口和博登湖之间，宽度最大。东段东阿尔卑斯山在博登湖以东，海拔低于西、中两段阿尔卑斯山。

阿尔卑斯山脉是一条年轻的褶皱层山脉，它是在6640万年前到160万年前的一次造山运动中形成的。山脉中有不同时代形成的各种岩层，古老的结晶岩和变质岩组成了阿尔卑斯山脉的中轴，构成了整个山脉的最高部分。这一部分山峰大多高耸入云，壁立垂直。在结晶岩带的边缘，是由石灰岩、白云岩等岩石构成的山岭，它们多形成断崖和峡谷。整个阿尔卑斯山脉到处都是锯齿形的山峰，这种崎岖险峻的地貌被称为阿尔卑斯型地貌。这种地貌的形成很大一个原因是第四纪冰川的侵蚀。冰川的活动还造就了阿尔卑斯山脉中星罗棋布的湖泊。这些湖泊主要分布在阿尔卑斯山脉的南北两侧，其中比较大而著名的有11个，被统称为阿尔卑斯山湖群。这些湖泊都是风景秀丽的旅游胜地，也是当地人聚居的中心。阿尔卑斯山脉终年积雪处只有岩石，没有植物生长。随着海拔降低，依次出现的植被为高山草地（花、草和灌木）、针叶林（枞、松和落叶松）、落叶树（山毛榉、桦树）。山区的动物有大角山羊、高山小羚羊、山拨鼠、山兔和鹫等。

阿尔卑斯山脉还是中欧温带大陆性气候和南欧亚热带气候的分界线。山地气候冬凉夏暖。大致每升高200米，温度下降1℃，在海拔2000米处年平均气温为0℃。整个阿尔卑斯山湿度很大，年降水量一般为1200～2000毫米，海拔3000米左右为最大降水带。海拔3200米以上为终年积雪区。阿尔卑斯山脉是欧洲许多河流的发源地和分水岭。多瑙河、莱茵河、波河、罗纳河都发源于此。山地河流上游，水流湍急，水力资源丰富，又有利于发电。农业分布在主要山谷和横向山谷

☆ 阿尔卑斯山风光

☆ 美丽的欧式建筑

中位置良好的地区。在瑞士谢尔和马蒂尼之间炎热而干燥的隆河谷，阿尔卑斯山是大片栽培水果、蔬菜的灌溉区，在谷底和山坡都有一望无际的葡萄园可为酿造优质葡萄酒提供原料。世界上最高的葡萄园，有一些就位于菲斯普的上方，海拔高达1295米以上。其他葡萄种植区域有意大利北部的上阿迪杰区、提契诺和阿尔卑斯山脉的南部区域。阿尔卑斯现代经济的支柱是采矿、凿石、制造和旅游各业相结合。阿尔卑斯山景色十分迷人，是世界著名的风景区和旅游胜地，被世人称为"大自然的宫殿"和"真正的地貌陈列馆"。这里还是冰雪运动

的圣地，探险者的乐园。

易北河

易北河位于欧洲中部。上游拉贝河源出波兰、捷克边境苏台德山，曲折流经捷克西北部；中、下游斜贯波德平原西部，在德国北部注入北海。全长1165千米，流域面积14.4万平方千米，有运河分别与奥得、威悉等河流相通，是中欧主要航运水道之一。入海处形成2.5～15千米的河口湾，海轮上溯可达汉堡。结冰期1～3个月。河口附近年平均流量每秒为710立方米。主要支流有伏尔塔瓦河、穆尔德河、萨勒河、施瓦策埃尔斯特河以及

哈弗尔河等。伏尔塔瓦河是易北河最大的支流，哈弗尔河是易北河右岸最大支流。航运作用重要，从河口至科林通航940千米，皮尔纳（德国）以下可通行千吨以上轮船。重要河港有德累斯顿、马格德堡等。易北河中下游流经德国东北部平原洼地，水流缓慢，落差较小，不适合建高坝大库，其水电资源主要集中在捷克境内的拉贝河及支流伏尔塔瓦河上。目前，在这两条河上兴建的坝高超过20米的大坝有7座，多为重力坝，其中库容超过1亿立方米的水库、装机容量超过10万千瓦的水电站均在伏尔塔瓦河上，而在拉贝河上的水库则较小，库容都不到1亿立方米。

德国

德国位于欧洲中部，南接奥地利、瑞士，西接荷兰、比利时、卢森堡、法国，北与丹麦相连，与北欧国家隔海相望，是世界第四大经济体。其地势北低南高，可分为四个地形区：北德平原，中德山地，西南部莱茵断裂谷地区，南部的巴伐利亚高原和阿尔卑斯山区。主要河流有莱茵河、易北河、威悉河、奥得河、多瑙河。全国总面积35.7022万平方千米。西北部为海洋性气候，往东、南部逐渐向大陆性气候过渡。德国是一个工业高度发达的国家，是欧洲第一经济大国。它已经成为引领欧洲经济发展的"火车头"。工业以重工业为主，如汽车、机械制造、化工、电气等。农业发达，机械化程度很高。德国是啤酒生产大国，其啤酒产量居世界前列。同时德国又是一个旅游国家，拥有勃兰登堡门、无忧宫、科隆大教堂等著名景点。而一年一度的慕尼黑啤酒节更是吸引了无数的旅游观光者。

莱茵河

莱茵河在欧洲是一条著名的国际河流。莱茵河发源于瑞士境内的阿尔卑斯山北麓，西北流经列支敦士登、

☆ 莱茵河风光

☆ 德国建筑

奥地利、法国、德国和荷兰，是西欧第一大河，其最后在鹿特丹附近注入北海。全长1320千米的莱茵河是德国最长的河流，流经德国的部分长865千米，流域面积占德国总面积的40%，堪称是德国的摇篮。河两岸有许多重要城市，如美因茨、科布伦茨、波恩、诺伊斯和科隆。莱茵河全年水量充沛，通航里程达886千米。两岸的许多支流，通过一系列运河与多瑙河、罗纳河等水系连接，构成了一个四通八达的水运网。莱茵河是世界上航运最繁忙的河流之一，称为欧洲的黄金水道。莱茵河所流经的是欧洲的主要工业区，人口稠密。德国的现代化工业区鲁尔就在它的支流鲁尔河和利珀河之间。莱茵河沿岸风光秀丽。从科隆到美因茨的近200千米的河段是莱茵河景色最美的一段。这里河道蜿蜒曲折，河水清澈见底。人们坐在白色的游艇之上，极目远望，碧绿的葡萄园层次有序地排列在两岸，一座座以桁架建筑而引人注目的小城和50多座古堡、宫殿遗址点缀在青山绿水之中。一段段古老的传说不时把人们的思绪带向遥远的过去，人们深深地陶醉在这充满浪漫情趣的多姿多彩的莱茵河美景之中。

慕尼黑

慕尼黑位于阿尔卑斯山北麓的伊萨尔河畔，距离阿尔卑斯山北麓只有约45千米。伊萨尔河流经慕尼黑河段，海拔高度约为520米。多瑙河的支流伊萨尔河从城中穿过，是慕尼黑的主要河流。慕尼黑是德国第三大城，是巴伐利亚州首府。因其现在还保留着原巴伐利亚王国都城的古朴风情，被赋予"百万人的村庄"的称呼。慕尼黑的工业主要有电子电器、光学仪器、啤酒酿造、汽车制造、军事工业等。慕尼黑向来是南欧通往中欧和北欧的重要通道，因此其交通十分便利。慕尼黑国际机场是欧洲十分重要的机场之一。慕尼黑以巴洛克式和哥特式的建筑而闻名于世，号称"德国的秘密首都"。慕尼黑的啤酒节更是远近驰名，享有"世界啤酒冠军"的称号。

☆ 慕尼黑街头雕塑

亚琛大教堂

亚琛大教堂是德国著名的教堂，位于亚琛市。这座始建于公元790年的教堂，已经在1978年被联合国教科文组织列入世界文化遗产名录。亚琛大教堂整体结构呈加洛林式的八角形建筑，其屋顶为巨大的圆形拱，整体呈现了浓厚的欧洲晚期古典主义和拜占庭式两种独特风格的综合效果。这座在宫廷内建造的教堂，已经成为宗教与政治合一的权力象征。作为宫廷教堂，它一直以来都保留着千年来的历史原貌，而其核心建筑夏佩尔宫更是拥有众多原始遗迹。当今的亚琛大教堂不仅仅是著名的旅游胜地，更重要的是它仍旧是人们心中的重要朝圣之地。

续存在着。教堂内有金造雕像和祭坛，还有大量珍贵壁画。

☆ 慕尼黑大教堂

慕尼黑大教堂

慕尼黑大教堂又叫慕尼黑圣母大教堂，位于慕尼黑市的中央，是一座别有特色的哥特式建筑。教堂建于15世纪，但哥特式风格的标志性尖顶一直没安，50年后受意大利文艺复兴的影响，该教堂被安上了意大利风格的圆顶。人们将其称为"罗曼国家的帽子"，它的意思也就是"异国风味的"或者也可以说是"意大利风味的"。该顶又被称为"洋葱顶"。在2004年底，慕尼黑市民曾就是否禁止市内建筑高于100米进行过投票。结果，慕尼黑大教堂以市内最高建筑继

探索世界地理未解之谜

tansuoshijiedilweijiezhimi

·相关链接·

慕尼黑啤酒节：慕尼黑啤酒节原名"十月节"，起源1810年10月12日，为庆祝路德威国王一世（当时仍为皇储）的婚礼所举办。因在这个节日期间主要的饮料是啤酒，所以人们习惯性地称其为啤酒节。每年九月末到十月初在德国的慕尼黑举行，持续两周，是慕尼黑一年中最盛大的活动，也是世界三大啤酒节之一。

奥地利

奥地利位于中欧南部，东与斯洛伐克和匈牙利为邻，西连瑞士和列支敦士登，北与德国和捷克比邻，南接斯洛文尼亚和意大利。奥地利意为"东方的国家"，被誉为"音乐之都"，全国总面积为8.3871万平方千米，阿尔卑斯山脉自西向东横贯全境，东大格罗克纳山海拔3797米，为全国最高峰。多瑙河流经东北部境内，长约350千米。东北部是维也纳盆地，北部和东南部为丘陵、高原，有与德国和瑞士共有的博登湖及奥匈边界的新锡德尔湖。奥地利属于海洋性向大陆性过渡的温带阔叶林气候。

其主要工业部门有采矿、钢铁、机械制造、石油化工、电力、金属加工、汽车制造、纺织、服装、造纸、食品等。农业发达，机械化程度高。矿产主要有石墨和镁，另有褐煤、铁、石油和天然气等。旅游业是最重要的服务行业。奥地利更是欧洲重要的交通枢纽，交通四通八达。"音乐之都"维也纳享誉天下。

维也纳

维也纳是奥地利的首都，是奥地利第一大城市。其坐落于阿尔卑斯山北麓维也纳盆地之中，三面环山，多瑙河穿城而过，四周环绕着著名的维也纳森林。面积414.65平方千米，人口170万。维也纳还是多瑙河第一个流经的大城市，因此有多瑙河的女神之称。维也纳素以"音乐之都"著称，而其风格各异的各种建筑也为其赢得了"建筑博览会"的美称。它还是奥地利的政治、经济和文化的中心，并建有联合国城，这是继纽约、日内瓦之后的第三座联合国城。阿尔贝蒂娜博物馆、史蒂芬大教堂、霍夫堡皇宫、美泉宫、维也纳艺术史博物馆、维也纳国家歌剧院都是举世闻名的旅游景点。

维也纳国家歌剧院坐落在维也纳市区的环形街旁，1869年5月15日建成开幕。它是一座高大的方形罗马式建筑，全部采用意大利生产的浅黄色大理石修成。休息大厅和走廊的墙壁上挂着画有最有成就的音乐家的最优秀

☆ 维也纳街头

的歌剧中的最精彩场面的许多油画，而主梯的回廊上端还有众多音乐巨匠以及维也纳国家歌剧院历任剧院经理的半身塑像。现在的维也纳国家歌剧院外貌虽然古色古香，可其内部设备却完全现代化，可同时容纳600多人，被认为是世界上一流的大型歌剧院。

1869年竣工的古老而又现代的维也纳金色大厅，每年都会如期上演"维也纳新年音乐会"。这座意大利文艺复兴式建筑是一座令世人向往的音乐圣殿。在厅内有两间收藏馆，一间是展览收藏品的展室，一间是放满大量珍贵历代名人手写的、木刻的、铅印的音乐书籍和乐谱的收藏室。维也纳音乐厅金碧辉煌的金色大厅与世界一流的乐团在每年的新年都会共同为世界音乐爱好者奉上精美绝伦的表演。因此，它又享有"世界首席音乐厅"的美誉。

多瑙河

多瑙河被盛誉为"蓝色多瑙河"。它发源于德国西南部的黑林山的东坡，自西向东流经奥地利、斯洛伐克、匈牙利、克罗地亚、罗马尼亚、塞尔维亚、保加利、摩尔多瓦、乌克兰10个国家，在乌克兰中南部注入黑海。这条世界上干流流经国家最多的河流，是欧洲第二长河。多瑙河可分为三部分。上游自河源至奥地利阿尔卑斯山脉和西喀尔巴阡山脉之

间，为匈牙利门的峡谷。中游自匈牙利门峡谷至南罗马尼亚喀尔巴阡山脉的铁门峡。下游自铁门至黑海的三角形河口湾。多瑙河河网密布，支流众多，有大小支流300多条，其中长度在20千米以上的有192条。多瑙河流域属温带气候区，具有由温带海洋性气候向温带大陆性气候过渡的性质。流域西部和东南部温、湿适宜，雨量充沛。河口地区则具有草原性气候特性，受大陆性气候影响，整个冬季较寒冷。沿岸有许多著名城市，如维也纳、布达佩斯等。

匈牙利

匈牙利位于欧洲中部，东交罗马尼亚，北与捷克、斯洛伐克、乌克兰为邻，西邻奥地利，南与塞尔维亚接

☆ 匈牙利国家一角

壤。匈牙利全国总面积为93030平方千米，总人口为1019万，是欧洲中部的内陆国家。全境以平原为主，80%的国土海拔不足200米，属多瑙河中游平原。多瑙河以东是匈牙利大平原。巴拉顿湖为最大淡水湖。匈牙利属温带大陆性气候。匈牙利的计算机、通讯器材、仪器、化工和医药等工业比较发达。农业基础较好，主要农产品有小麦、玉米、甜菜、马铃薯等。自然资源主要是铝矾土，还有少量褐煤、石油、天然气、铀、铁、锰等。匈牙利的旅游业是其外汇的重要来源。其首都布达佩斯更是旅游者必游之处。

巴拉顿湖

巴拉顿湖坐落在多瑙河地区巴空尼山东南麓，是欧洲中部最大的湖泊，拥有"匈牙利海"之称。该湖属浅水湖，整体呈细长形状，总面积为596平方千米，最深处可达11米深。巴拉顿湖水中含有大量矿盐，对人体大有裨益，所以湖水具有较高的医疗价值。巴拉顿湖周围的茂密山林为其提供了纯净的自然空气，浓烈的含盐度为其提供了优良的自由游泳区，因此湖区拥有众多的疗养院和休养所。两岸分布着古老的罗马式、哥特式和巴洛克式建筑，可谓湖光山色醉人心扉。

· 知识外延 ·

柏林墙：柏林墙正名为反法西斯防卫墙，是第二次世界大战以后德国分裂和冷战的重要标志性建筑。它于1961年8月13日动工兴建，是一条窄长的带状禁区和两重建筑物。到1979年5月，在西柏林周围共筑了水泥墙10千米。柏林墙于1989年被推倒，德国重新统一。统一后联邦政府重建了一堵象征性的柏林墙，游人到那可以看到其原貌。

瑞士

瑞士是世界上的"永久中立国"，是一片永远不会发生战火的土地。瑞士是欧洲的莱茵河、阿尔河和罗纳河的发源地，因此被称为"欧洲水塔"。瑞士位于欧洲中南部，东交奥地利、列支敦士登，南邻意大利，西接法国，北与德国接壤。全境分中南部的阿尔卑斯山脉（占总面积的60%）、西北部的汝拉山脉（占总面积的10%）、中部高原（占总面积的30%）三个自然地形区，平均海拔约1350米。阿尔卑斯山是瑞士气候的分界线，其北受温和潮湿的西欧海洋性气候和冬寒夏热的东欧大陆性气候的交替影响，变化较大。而其以南则属地中海气候，全年气候宜人。全国总面积为41.284万平方千米。工业是瑞士国民经济的主体，主要工业部门包括：钟表、机械、化学、食品等部门。瑞士的农业以畜牧业为主，主要农作物有小麦、大麦、马铃薯、甜菜和水果。其水力资源丰富，利用率达95%。同时瑞士还是世界金融中心。瑞士的滑雪业更是繁荣，受到世界各地游客的欢迎。瑞士还有欧洲最大的地下湖圣雷奥纳地下湖和素有"卢塞恩玻璃宫"之称的冰川公园。提到瑞士，人们总是会想起钟表、军刀和永久中立。钟表业在瑞士有500多年的历史，迄今一直保持世界领先地位，被称为"钟表王国"。首都伯尔尼有1000多家钟表店，整个城市就像一个巨大的钟表展览馆，有"表都"之美誉。瑞士自第一场欧洲大战结束后便宣布中立，150年来，没有发生任何战争，是国际上著名的中立之国。瑞士军刀、雀巢咖啡等都是瑞士为全世界熟知的品牌。

苏黎世

苏黎世是瑞士第一大城，也是世界的金融中心和黄金市场之一。苏黎世是瑞士的经济中心，是瑞士最大的工商业中心，是全欧洲最富裕的城市，也是一座中世纪与现代化相结合的城市。苏黎世经济以工业为主，尤以机器和铁路设备制造业为重要。

瑞士高原东北部的苏黎世湖，有"湖中之王"之称。其面积约为88平方千米，最深处可达143米，是瑞士最深、最美的山地湖泊之一，是瑞士著名的冰蚀湖。苏黎世沿岸还散落着像拉珀斯维尔、塔尔维尔这样美丽的小镇。在湖边散步、游泳、野餐、日光浴和乘船游览湖区是最大的享受。整个湖区中的莱茵瀑布，更是不得不去的佳景。

探索
世界
地理未解之谜

tansuoshijiediliweijiezhimi

☆ 苏黎世

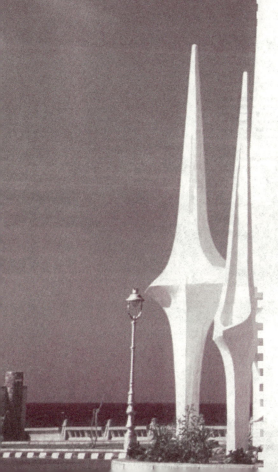

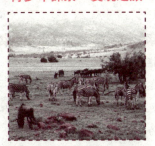

第三章

非　洲

　　非洲在拉丁语中有"阳光灼热的地方"的意思，它是世界第二大洲，地处亚洲的西南面，东临印度洋，西濒大西洋，北与欧洲隔海相望。习惯上把苏伊士运河作为非洲和亚洲的分界线。非洲大陆北宽南窄，像一个不等边的三角形，沿海岛屿不多，总面积3036.5700万平方千米，共有56个国家。赤道横穿非洲大陆，几乎将非洲平分两半，因此素有"热带大陆"之称。

北非——阳光灼热之地

北非最早是被欧洲人所了解。最早来到这里的西方人惊异于这里灼热的气候，给这里起了一个"阿非利加"的名字，即"阳光灼热之地"。这里有非洲最丰富的地下资源，矿藏有石油、磷酸盐、天然气等。同时，北非还以悠久的历史和灿烂的古老文化而闻名全球。

♥ 尼罗河

尼罗河发源于埃塞俄比亚高原，流经布隆迪、卢旺达、坦桑尼亚、乌干达、肯尼亚、扎伊尔、苏丹和埃及9国。尼罗河全长6700千米，尼罗河不仅是非洲第一大河，还是世界上最长的河流。"尼罗河"一词最早出现于2000多年前。关于它的来源有两种说法：一是认为"尼罗河"一词是由古埃及法老尼罗斯的名字演化来的。在阿拉伯语中尼罗河意为"大河"。二是来源于拉丁语"尼罗"，意思是"不可能"。因为尼罗河中下游地区很早以前就有人居住，但是由于瀑布的阻隔，使得中下游地区的人们认为要了解河源是不可能的，故名尼罗河。

尼罗河谷和三角洲是埃及文化的摇篮，也是世界文化的发祥地之一。尼罗河在埃及境内长度为1530千米，

两岸形成3～16千米宽的河谷，到开罗后分成两条支流，注入地中海。埃及水源几乎全部来自尼罗河。

位于尼罗河畔的阿斯旺大坝是世界上首屈一指的高坝。1960年阿斯旺

☆ 尼罗河沿岸小城

探索世界地理未解之谜
tausuoshijiedlliwejiezhini

水坝开始建设，历时10年，耗资9亿美元。站在111米的阿斯旺水坝上，脚下波涛翻滚的世界第一长河尼罗河被拦腰截断，放眼南望是宽15千米、长500多千米的纳赛尔湖，这座世界第二大人工湖吞下尼罗河的全年径流，实现河水多年调节，使1964年的洪水，1972年的干旱，1975年的特大洪峰和1982年以来的持续低水位都化险为夷。

撒哈拉沙漠

　　撒哈拉大沙漠位于非洲北部，西自大西洋，东近尼罗河，北起阿特拉斯山脉，南至苏丹，南北纵贯1061千米、东西5150千米，面积超过900万平方千米。撒哈拉大沙漠是世界上最大的沙漠，几乎占整个非洲大陆的1/3。

　　撒哈拉大沙漠包含的国家有摩洛哥、阿尔及利亚、突尼斯、利比亚、埃及、毛里塔尼亚、马里、尼日利亚、乍得和苏丹。大多数人以为撒哈拉大沙漠是一片沙丘起伏的区域，但实际上撒哈拉大沙漠大约只有1/5的地方是由沙构成的。其余的地方则是裸露的砾石平原、岩石高原、山地和盐滩。

　　撒哈拉沙漠气候由信风带的南北转换所控制，常出现许多气候的极端现象。它有世界上最高的蒸发率，并且有一连好几年没降雨的最大面积纪录。气温在海拔高的地方可达到霜冻和冰冻地步，而在海拔低处则有世界上最热的天气。

　　如此恶劣的自然条件却也有人类生存。1850年的一天，德国探险家因里希·巴思在撒哈拉的塔西亚高原惊奇地发现：当地砂岩的表面满是野牛、鸵鸟和人的画像。后来人们又陆续发现了公元前6000年至公元前1000年的更多的岩画。这些画面表现了人们当时的生活情景，如朴素的家庭生活、狩猎队伍、吹号角赶着牛群等。画面上还有大象、犀牛、长颈鹿、鸵鸟等现在只能在撒哈拉沙漠向南1500多千米的草原上才能找到的动物，但是另外还有一些显然已经绝迹的飞禽走兽。因此，可以断定：古代的撒哈拉并非黄沙一片，而是肥沃的绿色草原。这里曾河流纵横，大小湖泊星罗

☆ 沙漠与驼队

探索世界 地理未解之谜

tansuoshijiediluwejietihmi

棋布，植物茂盛，百花争艳，飞禽走兽出没其间，全然不同于今天的风沙遍地。

埃及

埃及地跨亚、非两洲，大部分位于非洲东北部，西连利比亚，东临红海并与巴勒斯坦接壤，南接苏丹，北濒地中海，东南与约旦、沙特阿拉伯隔海相望。埃及与中国、古巴比伦、印度并称为世界四大文明古国。源远流长的尼罗河孕育了古老的埃及文化，是旅游者寻找遗失文明的最佳之处，埃及总面积为100.145万平方千米。尼罗河三角洲和北部沿海地区属亚热带地中海式气候，炎热干燥。埃及的重要工业部门有食品、纺织、化工、钢铁、机械等。农业为埃及的主要经济支柱，长绒棉和稻米尤为著名。尼罗河和沿海还盛产鱼类。埃及资源丰富，石油工业发展尤为迅速。旅游收入是埃及外汇的主要来源之一。主要旅游景点有金字塔、狮身人面像、爱资哈尔清真寺、卡纳克神庙、帝王谷、阿斯旺水坝等。

金字塔

金字塔是古代埃及法老的陵墓，因为外形像中国汉字中的金字，所以被人们叫做金字塔。金字塔坐落在埃及首都开罗古城西南面的沙漠中，是一处既孕育着神秘又有巨大考古价值的古代建筑群，它以几千年的建筑风

☆ 埃及城市一角

貌向人们展示着它的骄傲。

埃及金字塔是从早期的王陵马斯塔巴墓发展来的。建筑金字塔的历史从第三王朝到第十三王朝，跨越了10个朝代。金字塔闪耀着古埃及人民智慧和力量的光芒。直到今天，规模宏大、建筑神奇、气势雄伟的金字塔依然给人留下许多未解之谜。神秘的埃及金字塔吸引许多科学家、考古学家和历史学家前往探究，也吸引世界各地的无数游客前去观光游览。

到目前为止，开罗附近的尼罗河两岸，尚存70余座金字塔。在这些金字塔中，要数第三王朝法老乔塞尔的六层金字塔最为古老，它是由一个名叫伊姆荷太普的人设计建造的。他先用石块砌成高约8米、边长63米的方形坟墓，而后不断加长底边，增加层数并逐层缩小，一直加至六层，外面用精致的白色石灰岩包起来，完工时全高约62米(现高58．8米)，底部东西长约121米，南北大约109米。这是人类历史上第一次建成的巨大石块建筑。

☆ 金字塔

☆ 狮身人面像近景

第四王朝法老胡夫的大金字塔才是货真价实的第一奇观，也是七大奇观中唯一存世的实体。有人估计，如果将建造胡夫金字塔的这些石块铺成一条33厘米宽的小路，可以绕地球一圈。令人惊奇的是，砌筑金字塔的每块巨石之间，不用任何黏合剂和填充料，而仅仅是把数十万块巨石相拼合，其接缝处却紧密得连一片薄纸都插不进去，仅这一点，也足以使人叹为观止了。据说在建塔时常有10万人做工，历时30年始得建成。

狮身人面像

埃及第二大金字塔是胡夫的儿子哈佛拉国王的陵墓。它仅比胡夫的大金字塔低3米，但建筑形式却更加完美壮观，塔前建有庙宇等附属建筑和闻名于世的狮身人面像。

狮身人面像坐西向东，其面部参照哈佛拉，身体为狮子，整像高20米，长57米，脸长5米，头戴"奈姆斯"皇冠，额上刻着"库伯拉"（即眼镜蛇）圣蛇浮雕，下颌有帝王的标志——下垂的长须。雕像除狮爪外，全部由一块天然岩石雕成。由于石质疏松，且经历了4000多年的岁月，整个雕像风化严重。另外，面部严重破损，有人说是马姆鲁克把它当做靶子练习射击所致，也有人说是18世纪拿破仑入侵埃及时炮击留下的痕迹。在古埃及，狮子是力量的象征，狮身人面像实际是古埃及法老的写照。

亚历山大港

伟大的马其顿人亚历山大，在征服了希腊之后来到埃及，在地中海沿岸选择了一个小小的渔村建设他的新首都，这就是亚历山大港。 亚历山大位于尼罗河三角洲西部，临地中海，面积100平方千米，人口约305万，是埃及和非洲第二大城市，也是埃及和东地中海最大港口。亚历山大著名的文化遗迹有亚历山大—法罗岛灯塔和亚历山大图书馆等。前者是世界七大奇迹之一，但毁于地震。这里还有华丽的黑色花岗石的阿皮斯雕塑，它是被埃及人所崇拜的圣牛；这儿有木乃伊、雕刻精美的石棺、陶器、珠宝和古代挂毯；还有最新发现的罗马圆形竞技场，它是罗马人在埃及建造的唯一一个竞技场。

·相关链接·

埃及首都开罗：开罗是埃及的首都，是阿拉伯和非洲国家人口最多的城市，也是非洲最大的城市。古埃及人称开罗为"城市之母"，阿拉伯人把开罗叫做"卡海勒"，意为征服者或胜利者。开罗的形成，可追溯到公元前约3000年的古王国时期。开罗作为首都，亦有千年以上的历史。中世纪时曾为拜占庭帝国的一个军事要塞。开罗为全国最大的经济中心和金融中心，工业高度集中。制造业产值占全国近半数。纺织工业尤其是棉纺工业占重要地位。传统工艺品很有特色。城南的卫星城赫勒万是全国最大的钢铁工业中心，同时发展了石化、机械制造、汽车等一系列工业，为一新兴的重工业区。

苏伊士运河

苏伊士运河在埃及西奈半岛西侧，横跨苏伊士地峡，位地中海侧的塞德港和红海苏伊士湾侧的苏伊士两

☆ 亚历山大港广场

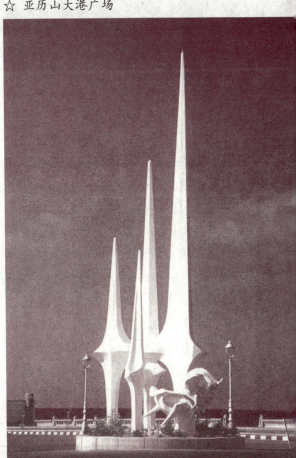

探索世界
地理未解之谜

tansuoshijiedeliweijiezhimi

☆ 苏伊士运河

座城市之间，全长约163千米。相传公元前1888年的埃及法老苏努力尔特二世曾是埃及历史上第一位尝试开挖河道，把红海和地中海连接起来的人。我们现在所说的苏伊士这个名字就是由这位法老的名字演化而来的。限于当时的条件，想要开挖这样一条运河是根本不可能的。1798年，拿破仑远征军入侵埃及，法国政府提出占领埃及，开凿一条穿越苏伊士海峡的运河，并把英国势力从红海驱逐出去。由于埃及人民的强烈反对，拿破仑试图开凿苏伊士运河的梦想最终未能实现。1854年，法国驻埃及领事费迪南·德·勒赛普通过欺骗和敲诈的手段获得了苏伊士运河的开凿权。竣工于1868年的苏伊士运河，全长约180多千米，是欧亚非海路运输的必经之路，极具战略意义。苏伊士运河贯通了红海与地中海，从而打开了地中海、大西洋和印度洋的水路，大大缩短了东西方的航运距离。在军事上，运河大大便利了两洋间军用船舰的调动。在第二次世界大战期间，经由运河的军舰达5300航次，军事供应船舰8500航次。因此，苏伊士运河不仅在国际航运和贸易上是捷径通途，而且在军事上也是战略要道。1956年7月26日，埃及总统纳赛尔颁布国有化法令，将一直在英、法两国控制之下的苏伊士运河收归国有。

突尼斯

突尼斯拥有"欧洲的钥匙"之称。它位于非洲北端，东南部与利比亚交界，北、东濒临地中海与意大利隔海峡相望，西与阿尔及利亚毗邻。突尼斯全国总面积为16.4150万平方千米，其北部属地中海型气候，南部属热带沙漠气候。突尼斯的工业主要有以磷酸盐为原料的化工业、石油开采业和纺织业。突尼斯是橄榄油主要生产国之一，其橄榄油在世界上占有重要地位，因此突尼斯被称为"世界油橄榄国"。突尼斯主要有磷酸盐、石油、天然气、铁、铝、锌等矿物资源，其旅游业是第一外汇来源。突尼斯犹如非洲土地上的一颗璀璨珠宝，她美丽而且神秘，就像是一位少女看似平静的面庞却不乏慑人的魅力。安静的城市、平和的居民、古朴的街巷都是突尼斯的标志。当你漫步于突尼斯的"香榭丽舍大道"——布尔吉巴大街之上，浏览着座座传统的标志性建筑，体味着异域的独特风俗之时，你会感谢上帝创造了这样一个国家。

突尼斯市

突尼斯市是突尼斯的首都，其名

☆ 河马

☆ 突尼斯街头艺人

市内，城区被划分为两部分：一部分是旧城麦地纳，另一部分是新城"低城"。旧城麦地纳主要是商业、手工业、住宅区，这里完好地保存了阿拉伯的传统东方色彩。而在新城区现代的城市写字楼、高级公寓、奢华别墅无不象征着新的时代的到来。在突尼斯旅游也是一件极为轻松愉快的事，这里有被誉为突尼斯的"香榭丽舍大道"的布尔吉巴大街、举世闻名的迦太基古城等等旅游胜地。

油橄榄

突尼斯是油橄榄的主要生产国之一，产量占世界橄榄油总产量的4%～9%。橄榄油成为其主要的出口创汇农产品。突尼斯餐桌上食用的橄榄仅占产量的20%，大部分橄榄果用来榨油。橄榄油的品质又分若干等，除了出口、食用外，还有一系列副产品：榨过油的橄榄饼可喂养牲畜、生产肥料、制作肥皂和洗涤剂等。过了

与突尼斯国名相同。突尼斯市位于突尼斯国境内的东北部，濒临地中海，是突尼斯的政治、经济、文化和交通的中心。它是一座阿拉伯风气与现代欧化风格完美交融的城市。在这个城

☆ 到突尼斯游玩的游人

☆ 阿尔及利亚大桥

生产年龄的老树，又被人拿来当做雕塑工艺品的原材料，经匠人的巧手加工，千姿百态的橄榄木雕成为了突尼斯著名的工艺品。

阿尔及利亚

阿尔及利亚位于非洲西北部，其东部与突尼斯、利比亚为邻，北部濒临地中海，南与尼日尔、马里和毛里塔尼亚相连，西与摩洛哥、西撒哈拉接壤。阿尔及利亚全国总面积为238.1741万平方千米，北部沿海地区

属地中海气候，中部为热带草原气候，南部为热带沙漠气候。阿尔及利亚的首要经济部门是石油和天然气工业。其主要工业部门有能矿、钢铁、冶金、机械、电力等。主要粮食作物有小麦、大麦等，经济作物是葡萄、柑橘、蔬菜。矿藏主要有石油、铁、铀、铜、金、磷酸盐等。阿尔及利亚是一个美丽的国家，是一个重视传统的国家，在这里你既能领略宁静平和的传统伊斯兰生活，又能感受到快速躁动的现代都市节奏。而徜徉在这个花园般的国度之中，你还能轻而易举地找寻到宗教神秘而又威严的气息。阿尔及利亚的林渔业也十分重要。阿尔及利亚全境被联合国教科文组织列为世界遗产的景观共有7处，其景色与人文特色构成了其独特的旅游环境。

非洲圣母院

非洲圣母院是阿尔及尔很有名的一处景点，它位于博格里丘陵上。非洲圣母院很是特别，其建筑风格是古罗马拜占庭式，但因具有阿拉伯风格的装饰纹路，所以反倒没有令人感觉到它的不同。进入非洲圣母院你会看到怀抱着耶稣的圣母像就安放在神龛上边，穹顶上用法文写着"非洲圣母，为我们和穆斯林祈祷"。这里的教徒大部分都是黑人，也有少数的欧洲人。该教堂最具特色的一点就是在其内安放着非洲人模样的圣母，据说

☆ 峡谷间的大桥

这个圣母名叫玛瑞，但其他的具体资料就没有记载了。

君士坦丁

君士坦丁位于阿尔及利亚的东北，是北非的历史名城。公元311年左右被毁损后，在君士坦丁大帝时修复，所以得此名。附近有非洲最大的瓷器厂，产品向国内外销售。是交通运输中心。西北部有罗马时代的古城堡、宫殿、清真寺，西南部有政府机关、商业大厦等欧式现代建筑，街道通直，广场宽阔。东部旧城区街巷狭窄，多古阿拉伯城镇民宅，商业活动按街区划分。设有君士坦丁大学、锡尔塔博物馆、市立图书馆等文教设施。

凯旋门

建于公元312年的君士坦丁凯旋门，是阿尔及利亚罗马城现存的三座凯旋门中年代最晚的一座。它是为庆祝君士坦丁大帝彻底战胜马克森提，并统一帝国而建的。凯旋门由三个拱门组成，它高21米，面阔25.7米，进深7.4米。由于它调整了高与阔的比例，横跨在道路中央，显得形体巨大。凯旋门的里里外外充满了各种浮雕，表面上看去，巨大的凯旋门和丰富的浮雕虽然很气派，但缺乏整体观念。原因是凯旋门的各个部分并非作为一个统一体而创作的，甚至其中的大部分构件是从过去的一些纪念性建筑，如图拉真广场建筑上的横饰带、哈德良广场上一系列盾形浮雕以及马克·奥尔略皇帝纪念碑上的八块镶板，拆除过来的。尽管如此，它仍不失为一座宏伟壮观的凯旋门，尤其是它上面所保存的罗马帝国各个重要时期的雕刻，是一部生动的罗马雕刻史。

·知识外延·

迦太基古城：迦太基城邦遗址坐落在突尼斯北部，距首都突尼斯市约18千米。迦太基帝国曾势力强大，疆土辽阔，繁荣富庶，是当时地中海地区政治、商业和农业中心之一。今天的迦太基城只剩下残垣断壁，昔日的繁华风韵都已被罗马人付诸一炬了。现在所见到的迦太基古城遗址，是罗马人在公元前146～公元439年占领时期重建的，该城曾发展为当时仅次于罗马的第二大城市。当时主要建筑有长34千米，高13米，厚8米的城墙以及宫殿、神庙、别墅、住房、公共浴室、竞技场、跑马场、剧场、基地和港口等，现在依旧依稀可辨。

☆ 著名的凯旋门

东非——魔幻景观

非洲东部地区北起厄立特里亚，南迄鲁伍马河，东临印度洋，西至坦噶尼喀湖。通常包括埃塞俄比亚、厄立特里亚、吉布提、索马里、肯尼亚、乌干达、卢旺达、布隆迪、坦桑尼亚和印度洋西部岛国塞舌尔。地形以高原为主，大部分海拔1000米以上，是非洲地势最高部分；沿海有狭窄低地。东非大裂谷纵贯南北，谷地深陷，两边陡崖壁立，沿线有乞力马扎罗、肯尼亚等火山和埃塞俄比亚等大小熔岩高原。东非以热带草原气候为主，但垂直地带性明显。历史悠久，古代各地先后形成阿克苏姆、僧祇、阿德尔、阿比西尼亚等国。

东非大裂谷

东非大裂谷是世界大陆上最大的断裂带，被称为地球脸上最大的伤疤。当乘飞机越过浩瀚的印度洋，进入东非大陆的赤道上空时，从机窗向下俯视，地面上就会有一条硕大无比的"刀痕"呈现在你的眼前，顿时让人产生一种惊异而神奇的感觉，这就是著名的"东非大裂谷"。这条长度相当于地球周长1/6的大裂谷，气势宏伟，景色壮观，是世界上最大的裂谷带，有人形象地将其称为"地球表皮

☆ 闻名于世的东非大裂谷

上的一条大伤痕"，古往今来它不知迷住了多少人。

从整个非洲大陆来看，东非大裂谷是全非洲最高的地带，属东非裂谷高原区。其总面积500多万平方千米，占非洲面积的1/6还要多，非洲的几座海拔在4500米以上的高峰，全部分布在这个自然区内，其中包括乞力马扎罗山、肯尼亚山、埃尔贡山等著名山峰。

东非大裂谷在肯尼亚境内轮廓显得非常清晰，它纵贯南北，将这个国家劈为两半，恰好与横穿全国的赤道相交叉，因此，有人就给肯尼亚起了一个十分有趣的称号"东非十字架"。东非大裂谷还是一座巨型天然蓄水池。裂谷带的湖泊，水色湛蓝，千变万化，成为人们旅游观光的胜地。湖区水量十分丰富，土地肥沃，植被茂盛，引得大象、河马、非洲狮、犀牛、羚羊、秃鹫等野生动物纷纷在这里栖息。坦桑尼亚、肯尼亚等国政府，已将这些地方辟为野生动物园或者野生动物自然保护区。东非大裂谷还是人类最初的诞生之地，最早的类人动物化石，就是在这里发现的。

爱德华湖

爱德华湖跨越刚果和乌干达两国边境，是东非西部裂谷的大湖之一，其原名为阿明湖。该湖南北长约77千米，总面积为2300平方千米，最大水深117米。该湖的东北经运河和乔治湖相通，其南北两岸多为低平原。爱德华湖的另一个优势是湖中盛产鱼，湖岸的野生动物也都保护得十分好。

☆ 爱德华湖

维多利亚湖

维多利亚湖位于东非高原，是世界第二大淡水湖，也是非洲最大的湖泊，被世界公认为世界上最美的地方。维多利亚湖是乌干达、坦桑尼亚与肯尼亚三国的界湖，总面积为69484平方千米。作为热带地区最大的淡水湖其含淡水量可达2760立方千米，排名世界第七。此湖是世界最长河尼罗河的支流白尼罗河的源头，呈不规则四边形。湖岸线长约3220千米，平均水深40米，最深处可达82米。维多利亚湖中拥有众多岛屿群和暗礁，200多种鱼类数鲈鱼和罗非鱼的数量最为庞大。

乌干达

乌干达是非洲东部的一个内陆国家，有"东非高原水乡"之称。全境横跨赤道，其南邻坦桑尼亚和卢旺达，北接苏丹，东邻肯尼亚，西接刚果（金）。位于中非高原的乌干达，其全境地势由西向中部缓缓倾斜，中南部地势低平。其西部国境纵贯东非大裂谷的西支，而裂谷带与东部山地

探索
世界
地理未解之谜

tansuoshijiediliweijiezhimi

☆ 乌干达被誉为"非洲明珠"

之间则为宽阔的浅盆地，多沼泽。境内多河湖沼泽，维多利亚湖42.8%的面积就处在乌干达境内，因此乌干达又被称为"高原水乡"。乌干达全国总面积为23.6万平方千米，其全境属热带气候，因地势太高所以大部分地区全年温暖，曾被丘吉尔喻为"非洲明珠"。乌干达工业落后，是世界最不发达国家之一。但其旅游资源较丰富，既有茂密的热带雨林，多种多样的珍稀野生动物，又有各种风景宜人的自然风光，是非洲高原上拥有难得一见的良好自然环境的国家之一。

卡巴雷加瀑布国家公园

卡巴雷加瀑布国家公园位于乌干达的西北部，白尼罗河畔，是最为著名的旅游胜地之一。该公园总面积为3900平方千米。园内因拥有落差为120米的卡巴雷加瀑布而格外出名。卡巴雷加瀑布旧称"默奇森瀑布"，该瀑布整体分3级，第一级落差就为40米，飞瀑倾斜而下，发出强而有力的撞击声，简直是震耳欲聋，场面蔚为壮观。此外，卡巴雷加瀑布国家公园以罕见的白犀牛最为著名，其园内共分为河马极多的"河马之乡"——帕

☆ 埃塞俄比亚海岸风光

探索世界
地理未解之谜

tansuoshijiedilivejiezhimi

拉，维多利亚河畔的垂钓中心——乔贝以及白犀牛分布地区帕库巴3个游览中心。在这里你不仅可以看到各种各样的野生动植物，还可以以最近的距离接触大自然与感受大自然。

·相关链接·

乌干达首都坎帕拉：坎帕拉坐落在维多利亚湖北岸，是乌干达的首都，更是乌干达最大的城市。坎帕拉一直以来都是一座历史悠久的古老城市，这里不仅留下了乌干达王国时期的城堡，还保留着曾经遭受英国殖民统治的苦难印记。四十多个小丘组成乌干达美丽的地貌，花草繁茂宛若一座山丘花园，因而被人们称为"明珠中的明珠"。该市名胜古迹众多，有建于1913年具有红色穹顶的圣保罗大教堂，建于1925年有两个钟楼并立的卢巴加大教堂和通体白色的基布利清真寺、卡苏比王陵、收藏丰富的国家博物馆。东南郊的维多利亚湖，水域宽阔、波平似镜，是旅游者的必去之处。坎帕拉大街上到处都是绿色的芭蕉树，如遇大雨滂沱之时，用一芭蕉叶便可安然行路，因而人们又称坎帕拉为"芭蕉城"。总之人们习惯于称坎帕拉为乌干达的缩影。

埃塞俄比亚

埃塞俄比亚位于红海西南的东非高原上，东与吉布提、索马里接壤，西与苏丹交界，南邻肯尼亚，北接厄立特里亚。领土面积110多万平方千米。境内以山地高原为主，大部分属于埃塞俄比亚高原，中西部是高原的主体，占全境的2/3，东非大裂谷纵贯全境，平均海拔近3000米，素有"非洲屋脊"之称。

塔纳湖

塔纳湖距离贡德尔35千米，是埃塞俄比亚最高、最大的湖泊。"塔纳"在当地语的意思是蓄水不干。这是一个由熔岩阻塞河道后形成的高原湖泊，湖面海拔1830米，长75千米，宽70千米，湖水面积依季节变化在3100～3600平方千米之间变化。塔纳湖是青尼罗河的源头，青色的湖水从南端200多米宽的湖口涌出，形成了阿巴伊河，也就是青尼罗河上源。塔纳湖景色迷人。矗立在湖边的绿树枝繁叶茂；白云蓝天、鲜花芳草以及潺潺流水相映成趣；湖上轻舟荡漾，鸟儿欢歌，使人仿佛置身于艺术家所描绘的精美画卷之中。塔纳湖的湖中还有两座有趣的小岛，一座叫男人岛，一座叫女人岛。男人岛的牌子上明确标明：拒绝女士上岛。男人岛上长着许多野生的咖啡树，红色的浆果非常漂

☆ 塔纳湖

亮。在岛上的修道院里，精美的壁画令人叫绝。

坦桑尼亚

坦桑尼亚位于非洲东部、赤道以南，大陆东临印度洋，南连赞比亚、马拉维和莫桑比克，西邻卢旺达、布隆迪和刚果（金），北界肯尼亚和乌干达。它由大陆、桑给巴尔岛及二十多个小岛组成，总面积为945087平方千米。其西北高，东南低，呈阶梯状。东部沿海为低地，西部内陆高原面积占内陆总面积一半以上，东非大裂谷从马拉维湖分东西两支纵贯南

北。东北部的乞力马扎罗山的基博峰海拔5895米，是非洲最高峰。

坦桑尼亚拥有多种多样的自然景观。非洲三大湖泊维多利亚湖、坦噶尼喀湖和马拉维湖均在其边境线上。其他自然景观有恩戈罗戈罗火山口、东非大裂谷、马尼亚纳湖等，另有桑岛奴隶城、世界最古老的古人类遗址、阿拉伯商人遗址等历史人文景观。坦桑尼亚这些丰富的旅游资源时刻吸引着世人好奇的目光，等待他们去欣赏，去探索。

达累斯萨拉姆和多多马

达累斯萨拉姆位于非洲印度洋岸中段滨海平原之上，扼西印度洋航运要冲，距桑给巴尔岛64千米，是坦桑

尼亚前首都。其目前仍是坦桑尼亚最大城市，是坦桑尼亚的经济首都。达累斯萨拉姆意思是"和平之地"。之所以称之为"和平之地"是因为它是天然良港，港湾内风平浪静，自古是东非沿岸名港之一，现在是东非第三大港。

达累斯萨拉姆城内有不少历史建筑：祭奠一战期间阵亡非洲将士的"阿斯卡里"纪念碑、微型东非热带植物园、展有360万年前直立行走最古老人类足迹化石的国家博物馆、老议会大厦、在抗疟疾病和结核病史上有过突破性发现的海洋路医院、前英国总督府（现总统府）、路德派基督教堂等。

坦桑尼亚政府在1973年计划把首都由达累斯萨拉姆迁至多多马。1996年2月坦桑尼亚国民议会迁至多多马，但大部分政府机关仍然留在达累斯萨拉姆。

多多马位于国境中部高原上，接近国土几何中心，现在为坦桑尼亚的新首都，气候干燥凉爽。它东距达累斯萨拉姆400千米。原为中部地区农产品和牲畜贸易中心，有面粉、碾米等工业。多多马是全国交通枢纽，是中央铁路和著名的非洲国际公路干线大北公路的交汇点。

塞伦盖蒂草原

塞伦盖蒂大草原位于肯尼亚和坦桑尼亚之间，方圆31080平方千米。说到坦桑尼亚的野生动物，不得不说的就是

☆ 坦桑尼亚自然之美

☆ 塞伦盖蒂大草原

塞伦盖蒂草原。水草丰美的塞伦盖蒂是野生动物的天堂，为野生动物的栖息繁殖提供了理想的场所。它以成群的平原动物而闻名，还是非洲唯一仍有众多陆地动物栖息迁移的地区。

乞力马扎罗山

乞力马扎罗山位于坦桑尼亚北部，邻近肯尼亚，是坦桑尼亚与肯尼亚的分水岭，距离赤道仅300多千米。其面积756平方千米，海拔5896米，是非洲第一高山。乞力马扎罗山由三个火山组成，其中的两个主峰尤为著名，一个叫基博，另一个叫马文济，两峰之间由一个十多千米长的马鞍形的山脊相连。远远望去，乞力马扎罗山是一座孤单耸立的高山，在辽阔的东非大草原上拔地而起，高耸入云，气势磅礴。年轻的基博峰海拔5898米，是非洲的最高峰。另一座马文济峰是老火山口的残余部分，山顶覆盖着厚厚的冰雪，形成了"赤道雪峰"的奇观。

乞力马扎罗山四周都是山林，那里生活着众多的哺乳动物，其中一些还是濒于灭绝的种类，雪线上还生存有企鹅，这就是著名的赤道企鹅。海明威曾游览乞力马扎罗山，并写下了小说《乞力马扎罗山的雪》，更增加了这座山的知名度。

乞力马扎罗山属于坦桑尼亚，属于非洲，它是粗犷剽悍的非洲人的象征。据说它仍然是一座活火山，仍有火山爆发的可能。

· 知识外延 ·

埃塞俄比亚狼：埃塞俄比亚狼又叫西门豺，因被发现在埃塞俄比亚的西门山而得名，是非洲唯一的一种野生狼。这种动物只生活在埃塞俄比亚几个非常狭窄的区域里，最大的一个种群生活在大包山国家公园里，只有不到200头。埃赛俄比亚狼由于生活区域狭窄，生存竞争比较激烈，有领地的群落之内只有一对繁殖的狼。流落在领地之间的无家可归者经常交配，但是由于没有领地给它们提供食物来源，这种情况下生产的幼崽很难存活。群落中的地位低下的雌狼会主动充当保姆，帮助首领照顾新生儿，包括给它们喂奶。

在过去几十年内，频频爆发的疾病、埃国政治的动荡局势以及农业的扩展将埃塞俄比亚狼推向了灭绝的边缘。专家推测，在埃塞俄比亚狼种群数量达到一定水平、密度超过每平方千米一只时，就会有疾病暴发，因此，这个种群一直处于十分脆弱、不稳定的生存状态。

肯尼亚

肯尼亚位于非洲东部，赤道横贯中部，东非大裂谷纵贯南北。它东邻索马里，南接坦桑尼亚，西连乌干达，北与埃塞俄比亚、苏丹交界，东南濒临印度洋，海岸线长536千米。境内多高原，平均海拔1500米。中部的基里尼亚加峰（肯尼亚山）海拔5199米，山顶有积雪，为肯尼亚最高峰，非洲第二高峰。肯尼亚是人类发源地之一，境内曾出土约250万年前的人类头盖骨化石。所以肯尼亚也被人们称

☆ 乞力马扎罗山远景

PLEASE NOTE

DURING THE FERTILE SEASON
THE PARK WILL BE OPEN
UNTIL 18.00

ON SOME OF THE RIDES
THE QUEUES WILL BE CUT
TO ENSURE THAT THEY CLOSE
CLOSE AT 18.00

探索
世界
地理未解之谜

tansuoshijiedilliweijiezhimi

☆ 内罗毕

为"人类的摇篮"。

内罗毕

内罗毕位于赤道以南140千米的东非高原上,是肯尼亚的首都。其面积648平方千米,海拔1675米,受赤道和海拔的双重影响,内罗毕空气清新,降雨适中,最热月平均气温21℃,最凉月平均气温17℃,可谓四季如春,被誉为世界上气候最好的首都。内罗毕还拥有"东非小巴黎"的美誉,是个生动、有趣的世界性都市。它不仅是肯尼亚的政治、经济、文化和交通中心,也具有重要的地区和国际影响。联合国环境规划署的总部就设在内罗毕的近郊。联合国人类居住署总部及其他国际组织的办事处也设在内罗毕。

内罗毕是世界上最年轻的大都市之一。在不到100年的时间里,内罗毕已发展成近350万人口的国际大都市。内罗毕的西区是殖民时代白人聚居区,又称富人区,因此规划发展较好;而东区是城市贫民区,显得差距很大。东南方向新发展起来的工业区,类似于我国的开发区,吸引了许多外商来投资。

肯尼亚山

肯尼亚山是东非大裂谷最大的死火山,位于肯尼亚中部。最高峰海拔5199米,是仅次于乞力马扎罗山的非洲第二高峰。山顶终年积雪,并有15

条冰川伸延到4300米处。它穿越赤道线，平时烟雾缭绕，峰顶若隐若现，而在晴朗的日子里几英里以外都可以看到屹立在远处的雪峰。巨大冰河形成的山谷紧靠群山，一片瑰丽的景色。1997年肯尼亚山地区被联合国教科文组织列入世界遗产名单内。

在肯尼亚山上，植物的种类随着海拔高度的变化也在不断变化。山地森林生长在海拔较低的山坡上，真正的森林带是从海拔2000米处开始分布的，雪松是这里最常见的树木。肯尼亚虽然号称野生动物天堂，以生态旅游为主，但是近百年来在人类过度开发下，人与野生动物争地已使肯尼亚的生态环境很脆弱。

图尔卡纳湖

图尔卡纳湖位于肯尼亚北部，与埃塞俄比亚边境相连，是东非大裂谷和肯尼亚最大的内陆湖。图尔卡纳湖是碱湖，湖水含碱量很高，去污能力很强。但是含碱物质并没有影响湖中动植物的生长。图尔卡纳湖被认为是一个鱼资源极其丰富的鱼场，盛产尖吻鲈、虎鱼、多鳍鱼等各种鱼类。鳄鱼和河马也时有所见。候鸟和本地鸟类有红鹳和翠鸟等。沿湖种植少量粟。靠近沙漠丛林的居民大部分为游牧民。游牧民族以马赛人为主。马赛人以畜牧为生，终年成群结队流动放牧，几乎全部依靠牲畜的肉、血和奶为生。他们的村庄用带刺灌木围成一个很大的圆形篱笆，环绕一圈泥屋构成，可容纳4~8个家庭及其牲畜。在较老的马赛男人中间一夫多妻现象较为普遍，同一年龄组的男人之间可以借妻，娶亲要用牲畜做聘礼。

马赛人中的年轻男子在大约14~30岁时，传统上称作"磨难人"。在这个生活阶段，他们孤独地

☆ 肯尼亚这个"野生动物的天堂"需要人们去珍惜与保护

☆ 图尔卡纳湖中的河马

探索
世界
地理未解之谜

tansuoshijiedliweijiezhimi

住在丛林里，学习部落的风俗并锻炼体力、勇气和耐力，马赛武士就是以这些特征闻名于世。据传说，当年西方殖民者来到这里，妄图捕捉、贩卖马赛人为奴隶时，遭到了他们的强烈反抗，最后殖民者居然被打得落荒而逃。后来殖民者再想进入马赛人区时，不得不向马赛人进贡，赠送礼物才能进去。

塞舌尔

塞舌尔位于马达加斯加岛东北的印度洋上。塞舌尔的西南距马达加斯加925千米，南面与毛里求斯隔海相望，西面则距肯尼亚蒙巴萨港1593千米。它是一个岛国，曾被称为"七姊妹岛"。塞舌尔国土由35个花岗岩岛和78个珊瑚岛构成，是沟通非洲和亚洲两大洲的海上交通要塞。塞舌尔全国总面积为455.39平方千米，其全境属于热带海洋性气候。塞舌尔工农业基础薄弱，因而旅游业和渔业为其两大经济支柱。工业产品主要有食品、油漆、家具等。农业基础比较薄弱，主要种植椰子、肉桂、华尼拉、茶叶、薄荷等经济作物，粮食和日用品主要依赖进口。旅游业为其第一大经济支柱，全境50%以上地区被辟为自然保护区。马埃岛、普拉兰岛、拉迪格岛和伯德岛等是其最为引人瞩目的旅游景点。

阿尔达布拉岛

阿尔达布拉岛位于塞舌尔首都维多利亚西南1000千米处，被人们称为"龟岛"。这是因为该岛上生活着数以万计的大海龟，这些海龟中有些竟然达到四五百公斤，形似大象，因而又有"象龟"的称呼。生活在这个岛上的巨龟仅仅以食青草和树叶为生，集体出动时犹如坦克部队出征，场面壮观而有趣。现在为了保护这些世界上仅有的巨龟，阿尔达布拉岛被列为原始生物保护区，严禁捕杀巨龟，因而这里到现在还是一种原始自然状态。

马埃岛

马埃岛在印度洋中西部，是塞舌尔共和国塞舌尔群岛中最大的岛屿，其整体结构属于花岗岩岛。塞舌尔的首都和全国唯一的港口维多利亚都位于这座岛上，因而这座岛是塞舌尔全国最为重要的岛屿。作为塞舌尔人口最多、面积最大的岛屿，该岛的经济主要以旅游业、农业、渔业为支柱产业。该岛还盛产椰子、香草、肉桂等经济作物和玉米、薯类等粮食。马埃岛上的世界一流的天然浴场则是进行海水浴、日光浴、风浴和沙浴的最理想地方。平静而蔚蓝的温暖海水十分适宜游泳和划船，有些地方还可以进行冲浪和滑水运动。

☆ 马埃岛风光

南非——闪耀钻石光芒的土地

非洲南部地区指非洲大陆南部地区及周围岛屿，通常包括安哥拉、赞比亚、马拉维、莫桑比克、津巴布韦、博茨瓦纳、纳米比亚、南非、斯威士兰、莱索托、马达加斯加、毛里求斯、科摩罗13国及留尼汪、圣赫勒拿岛及其属岛阿森松岛与特里斯坦—达库尼亚群岛。地形主体为南非高原，东南部有德拉肯斯山脉。非洲南部的气候差异很大，让人经常有"早穿皮袄午穿纱，晚上围着火炉吃西瓜"的感觉，气候类型有热带草原气候、沙漠气候、地中海式气候等。除此之外，南部非洲的经济发展也是非洲反差最大的地区，有发达的工业国，也有落后的农业国。

津巴布韦

津巴布韦位于非洲东南部，是一个内陆国家。其东邻莫桑比克，南接南非，西和西北与博茨瓦纳、赞比亚相连。东部的伊尼扬加尼山海拔2592米，为全国最高点。主要河流有赞比西河和林波波河，分别是同赞比亚和南非的界河。1889年，英国殖民者赛西尔·罗兹替英属南非公司取得这里的领土权，并且在1895年时正式建立

☆ 津巴布韦的野生鳄鱼

殖民国家"罗得西亚"。1980年4月18日津巴布韦共和国正式独立。津巴布韦自然资源丰富，工农业基础较好。工业制成品向周边国家出口，正常年景粮食自给有余，为世界第三大烟草出口国，经济发展水平在南部非洲地区仅次于南非。

哈拉雷

哈拉雷位于津巴布韦国境的东北部高原上，是津巴布韦的首都和最大城市。哈拉雷气候宜人，终年草木葱郁，百花盛开。市内街道纵横交错。林荫大道宽阔整洁而幽静，多公园、花园，其中有名的索尔兹伯里公园中有模拟"维多利亚大瀑布"的人工瀑布，奔腾澎湃，一泻而下。充满现代气息的哈拉雷，商业繁荣，农矿产品贸易甚盛，是世界最大的烟草集散市场之一，被称为"世界烟城"。

大津巴布韦遗址

津巴布韦的意思是"石头城"，在被发现的200多处"石头城"遗址中，最具有代表性的是"大津巴布韦遗址"。其遗址位于哈拉雷以南约300千米处，总面积达720平方千米，由90多万块花岗石砌造而成。石块连接处未用任何黏合物，至今仍宏伟壮观，挺拔坚固。遗址由山顶建筑、山下石廓和谷地建筑三个部分组成。山顶建筑是遗址最古老的部分，因是国王的住所，所以设有坚固的堡垒和高大的

☆ 津巴布韦自然风光

探索世界地理未解之谜

Tansuoshijiedilliweijiezhimi

☆ *津巴布韦自然之美*

围墙。山下石廓是遗址规模最大的一部分，呈椭圆形，由高11米、周长243米的石墙围成，最宽处106米，是王后和嫔妃的住所。石廓内立一高11米、底部直径6米的锥形石塔，现已成为津巴布韦古文化的象征。谷地建筑是大臣和其他重要人物的住所。

锡诺亚洞

锡诺亚洞位于首都哈拉雷西北120千米的山区，坐落在一片高低起伏不平的丘陵之中，是津巴布韦的一处古人类穴居的遗址，于1887年被发现。遗址包括一个明洞和一个暗洞以及两个洞之间的一个深潭。明洞洞口直径4米左右，洞身呈45°向下倾斜，长达数十米。为游人进出洞口方便，现代

人又从洞口到中部开凿了石级。从中部到洞底的石级，是当年原始人开凿的。洞内壁上残存着许多类似近代人类文字的符号，许多原始人的壁画残迹虽然久经自然风化和侵蚀，但那些粗犷的线条仍依稀可见。伸手不见五指的暗洞，据说是当年原始人的另一处穴居遗址。暗洞的内壁上也残留有许多原始人的遗迹。

纳米比亚

纳米比亚全称纳米比亚共和国，是非洲西南部的一个国家。纳米比亚的北部与安哥拉、赞比亚接壤，西面濒临大西洋，东临博茨瓦纳，南邻南非。纳米比亚内陆地区全属高原、山

地，其沿海地区为狭长平原。全境最高点为布兰德山。奥兰治河和库内内河不仅是纳米比亚重要的两大河流，更重要的是它们还分别是纳米比亚同南非和安哥拉的界河。纳米比亚全国总面积约为82.42万平方千米。气候类型属干燥的亚热带气候，南部多沙漠，北部多草原。矿业、畜牧业和渔业是纳米比亚的经济支柱，其矿产资源丰富，为非洲第四大矿产国，主要矿藏有钻石、铀、铜、铅、锌、钨等。主要农作物为玉米、小麦、棉花等。其沿海则盛产鲱鱼、沙丁鱼、鲭鱼、鳕鱼及龙虾等。纳米比亚境内各大城市均有机场。沃尔维斯湾为其最大深水港。拥有着全球最古老的沙漠、世界上最多海豹栖息的海滩以及世界最顶级的度假村的纳米比亚是一个被全球摄影师们称为"摄影天堂"的神秘国家。炎热而奔放的烈日，古老而神秘的沙漠，灵动而拘谨的生灵共同勾勒出了一片随时都会发生奇迹的土地。

·相关链接·

纳米比亚首都：温得和克位于纳米比亚中部高原上，是纳米比亚的首都和最大城市，也是纳米比亚工商业中心和交通枢纽。温得和克于1890年被德国占领，1915年又为南非所占。温得和克以畜产品贸易最为出名，这里是世界著名的卡拉库尔羔羊皮集散

☆ 纳米比亚山地

☆ 纳米比亚自然风光

探索 **世界** 地理未解之谜

tansuoshijiedilweijiezhimi

地。现在该市的市内依然保留了三座中世纪德国式古城堡以及德国殖民地时代遗留下来的各种形式的建筑物。在温得和克的北部工业区还建有一座著名的专门批发零售中国商品的"中国城"。

纳米比亚沙漠

纳米比亚沙漠位于整个纳米比亚西南部，是世界上最古老的沙漠。这片沙漠不仅古老，还有众多的神秘之处。犹如红色海洋的纳米比亚沙漠，使人们总有一种惊心动魄的感觉。而随着日照不同其颜色也会随之改变的特色，更是令人由衷地感叹它的异彩纷呈。然而更加让人叫绝的是，因为纳米比亚沙漠的西部与大西洋紧密地相接在一起，因此当你开车行驶在海岸线的高速公路上，你会亲身体验到什么是冰与火的交融，因为这里一侧是海，一侧是沙漠。

❾马达加斯加

马达加斯加位于印度洋西南部，是非洲东南部岛国，一个拥有着异域风情的"乌托邦之国"。 作为世界第四大岛的马达加斯加隔莫桑比克海峡与非洲大陆相望。全岛由火山岩构成。地势中部为中央高原，东部为带状低地，西部则为缓倾斜平原。贝齐布卡、齐里比希纳、曼古基和曼古鲁四条河流为其主要河流。马达加斯加全国总面积为590750平方千米，其东南沿海属热带雨林气候，终年湿热；中部属热带高原气候，温和凉爽；西部属热带草原气候，干旱少雨。马达加斯加是最不发达国家之一，服务业是其经济的支柱，其次为农业和工业。它的自然资源丰富，有云母、铀、铅、宝石、石英、金、银、铜、镍、铝矾土、铬、煤等，其石墨储量占非洲首位。大米是其主要作物，香草、咖啡、丁香、剑麻、甘蔗、花生、棉花等则是其主要经济作物。而其几乎囊括所有颜色的彩色宝石更是令马达加斯加岛备受世人的瞩目。

"非洲"这个听上去就很炎热灼人的词汇，似乎每一个与其相关的事物都会令人燥热不安。但是马达加斯加却是一个全然不同的地方。在这里你能找到露水涸湿丛林的晨曦，大海变幻莫测的蔚蓝，嬉戏追逐于城市乡村间的生灵，这就是马达加斯加，一个非同一般的非洲之国。

塔那那利佛

塔那那利佛是马达加斯加的首都，同时也是全国最大的城市和政治、经济、文化中心。这座具有亚、非、欧三大洲混合风格的城市是完全依地势起伏而建，山顶是伊麦利王国时期的宫殿，而政府和金融机构则在稍低处，再往下就是商业区。塔那那利佛是座接近赤道的高原城市，其市

☆ 美丽的海岸

探索
世界
地理未解之谜

tansuoshijiedilweiyiezhimi

☆ 马达加斯加岛

内有一条为纪念马达加斯加民族独立而建的"独立大街",每到周五,市场上商贾云集,现在这里已经成为全市最繁华的地方。而革命公园、马达加斯加大学和塔那那利佛大学两所最高学府更是塔那那利佛最具代表性的重要地标建筑。

津巴扎扎公园

津巴扎扎公园位于王宫山麓的津巴扎扎湖畔,又称"津巴扎扎动植物园",是马达加斯加重要的旅游胜地。1925年建成植物园,1936年增加动物园,经过多年的精心保护,这里已经犹如一个原始雨林。这里繁衍生息着众多的动植物,稀有罕见的旅人

蕉、性情温顺的狐猴都是该公园最珍贵的物种。这里是动植物们的天堂,是它们可以快乐嬉戏、成长与生活的最佳乐土。

马达加斯加岛

狐猴是排在世界濒危动物名录第一位的野生动物,因而它也成了最受关注的动物。一提到狐猴,我们就会想到马达加斯加岛,因为整个马达

☆ 繁忙的码头

加斯加岛就是一个大的天然狐猴避难所，在这里生活着的49种狐猴已经是地球上最后的狐猴了，也就是说在地球的其他地方再也寻觅不到它们的身影了。因此这里称得上是狐猴最后的天堂。

9 南非

南非位于非洲大陆最南端，其北面与纳米比亚、博茨瓦纳、津巴布韦、莫桑比克和斯威士兰五国相接壤，东、西、南三面则濒临印度洋和大西洋，素有"彩虹之国"和"黄金宝石之国"之誉。南非全国总面积为122万平方千米，总人口为4868.7万，大部分地区属热带草原气候，东部沿海为热带季风气候，南部沿海为地中海气候。南非是非洲经济最发达的国家，矿业、制造业和农业是其经济的三大支柱。制造业、建筑业、能源业和矿业是南非工业四大部门。南非矿产资源丰富，黄金、铂族金属、锰、钒、铬、钛、硅铝酸盐的储量居世界第一位，其黄金的生产和出口量是世界最大的。旅游业也是南非第三大外汇收入来源和就业部门。

"彩虹之国"与"黄金宝石之国"的称呼不仅仅代表了南非的资源特征，更重要的是它也是南非这个国家色彩的代表。五彩色也好，金黄色

也罢都代表了南非是一个到处充满机遇，到处充满生机的神秘国度。

比勒陀利亚

比勒陀利亚是南非的行政首都，是南非的政治、经济和文化中心，素有"花园城""紫葳城"之称。比勒陀利亚拥有南非大学、比勒陀利亚大学、工业研究院等多所学府与科研院所，因此又被视为南非最大的文化中心。被誉为全球最长的教堂街，世界上最大的动物园之一的普勒多利亚动物园，上演过众多歌剧、芭蕾、戏剧、合唱与交响乐演奏音乐会的国家

☆ 南非大象

探索世界地理未解之谜

tansuoshijiedilìweijiezhimi

☆ 南非自然之美

剧院都坐落在比勒陀利亚这座城市。

开普敦

开普敦位于好望角北端的狭长地带，濒临大西洋特布尔湾，是南非的立法首都，素有"南非之母""海上客栈"之誉。开普敦是以其美丽的自然景观及码头而闻名于世，而其标志性的地标包括被誉为"上帝之餐桌"的桌山、世界著名的好望角等，是举世闻名的旅游城市。

黄金与钻石的王国

南非矿产资源丰富，是世界五大矿产国之一。黄金、铂族金属、锰、钒、铬、钛和硅铝酸盐的储量均居世界第一位，蛭石、锆居世界第二位，氟石、磷酸盐居世界第三位，锑、铀居世界第四位，煤、钻石、铅居世界第五位。

南非共和国的钻石与黄金早已闻名全球，因其开采之早、规模之大，被称为钻石和黄金的王国。金伯利市因钻石的开采而发展兴起来的，世界上最大的钻石原生矿床就是在这里发现的，因此人们把这种矿石命名为金伯利岩。

南非产出的钻石素以颗粒大、质量佳而著名。从矿山开采出来的钻石毛胚中有50%可以达到宝石级。目前，南非的钻石年产量保持在1000万克拉上下，居世界第五位，所以常有人会问"这颗是南非钻石吗"？南非又是世界上最大的黄金生产和出口国，约翰内斯堡的兰特炼金厂是全世界最大的冶炼厂，南非开采的大部分黄金都在这里冶炼成高纯度的金锭，远销世界各地。

好望角

好望角位于大西洋和印度洋的汇合处，在南非非常著名的岬角上，因其是通往富庶的东方的航道，故改称好望角。"好望角"的意思是"美好希望的海角"，但它最初的名字却是"风暴角"。苏伊士运河通航前，来往于亚欧之间的船舶都经过好望角。

好望角恶劣的天气是闻名世界的。这里不仅有长年不断的惊涛骇浪，还常常出现"杀人浪"。这种海浪前部犹如悬崖峭壁，后部则像缓缓的山坡，波高一般有15～20米，在冬季频繁出现，还不时加上极地风引起的旋转浪，当这两种海浪叠加在一起时，海况就更加恶劣。这里还有很强的沿岸流，当浪与流相遇时，整个海面如同开了锅的水似的翻滚不停，航行到这里的船舶往往遭难，因此，这里成为世界上最危险的航海地段。

罗本岛

罗本岛离开普敦海岸仅十几千米，是去南非旅游非去不可的地方。这座岛之所以如此吸引人们的眼球，

☆ 南非城市与街道

☆ 海边村落

探索
世界
地理未解之谜

Tansuoshijiediliweijiezhimi

不仅仅是因为它优美的海岛风光，还因为它就像是一本教科书一样，记录着南非的历史和现在，是一个具有浓厚历史氛围的游览地。面积约13平方千米的罗本岛在最早的时候曾经是居民点，但在17～20世纪的300多年里，其经历了多次的变迁。在1846～1931年这里被用来收容麻风病人、精神病患者，再后来便成为了南非最大的秘密监狱。反种族隔离斗士曼德拉就曾被囚禁于此地5号囚房内。1999年，这里被联合国教科文组织列为世界遗产保护区。

·知识外延·

好望角名字由来："好望角"一名的由来有着多种说法。最常见的说法有两种：一说为迪亚士1488年12月回到里斯本后，向若奥二世陈述了"风暴角"的见闻，若奥二世认为绕过这个海角，就有希望到达梦寐以求的印度，因此将"风暴角"改名为"好望角"；另一种说法是达·伽马自印度满载而归后，当时的葡王将"风暴角"易名为"好望角"，以示绕过此海角就带来了好运。

野生动物园

南非有16个国家公园和国家湖，300个省级自然保护区。其中克鲁格国家公园是世界著名的野生动物禁猎区之一，已有百年的历史了。该公园南北长350千米，最宽处有90千米，面积1.9万平方千米。园内有动物、植物专家，也有地质学家、土壤学家从事管理和研究。全园分15个生态区，每一个生态区均有地质、土壤、植物断面图和野生动物的分布图。正是在这样的荒原里，野生动物如大象、狮子、豹、犀牛、野牛、长颈鹿、斑马、羚羊、猩猩、猴子、野猪、野狗、鳄鱼和山龟等自由自在地在园内生息繁衍。如果乘车进入该园，工作人员会告诉你：一定要携带最新的地图，带足食物和饮料，以防不测。

在这世界上最大的野生动物园里栖息的野生动物的数量每年都在发生变化，主要是降水影响食草动物的食料。由于干旱，食草、食肉动物的数量有所下降。

克鲁格国家公园取得了举世瞩目的成就，但野生动物的生态、环境保护、食草动物与食肉动物的关系以及野生动物公园的管理特点等还须进行深入研究，并作进一步改进。

☆ 野生动物园里的长颈鹿

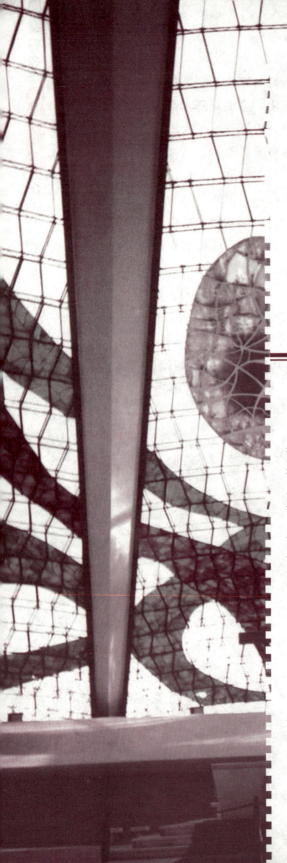

第四章

美　洲

　　美洲全称为"亚美利加洲"，包括北美洲和南美洲两个部分，巴拿马运河是南北美洲的分界线。整个美洲大陆由东向西分为三个南北纵列带。东部为久经侵蚀的高山和高原，西部为年轻的高峻山地，东西部之间为广阔的大平原。15世纪末，西班牙、葡萄牙、英国、法国等国在此进行探测和殖民统治，1776年美国宣布独立，19世纪初其他各国也相继宣布独立。

北美洲——上帝最得意的创造

北美地区可以说占据了人间所有的美丽与财富。它的优越的地理位置、丰富的自然资源世界闻名。

加勒比海

加勒比海是大西洋西部的一个边缘海，面积约275.4万平方千米，是世界上最大的内海。有人曾把它和墨西哥湾并称为"美洲地中海"，海洋学上称中美海。

☆ 美丽的海底珊瑚

加勒比海地区一般属热带气候，但因受高山、洋流和信风影响，各地有所不同。多米尼克部分地区年平均降雨量高达8890毫米，而委内瑞拉沿海博奈尔岛只有250毫米。每年6～9月，时速达120千米的热带风暴在北部和墨西哥湾比较常见，南部则极为罕见。海底可分成五个椭圆形海盆，彼

☆ 格陵兰岛

此之间被海脊和海隆所分隔。自西往东依次为犹加敦、开曼、哥伦比亚、委内瑞拉和格瑞纳达海盆。

格陵兰岛

格陵兰是丹麦的一个自治州，同时也是世界上最大的岛屿，面积达218万平方千米。格陵兰岛85%的面积被冰川覆盖，气候严寒，冰雪茫茫，中部地区的最冷月平均温度为−47℃，绝对最低温度达到−70℃，是地球上仅次于南极洲的第二个"寒极"。只有在沿海地区才适合居住。半数以上居民为因纽特人。

格陵兰广袤的大陆荒蛮而美丽，陆地的大部分常年被积雪和坚冰覆盖。在那里，冰川宏伟壮丽、峡湾清澈深邃，一派千里冰封、银装素裹的景致。在格陵兰的某些地区，可以观赏到午夜的太阳和极光。

科迪勒拉山系

科迪勒拉山系纵贯南北美洲大陆西部，北起阿拉斯加，南到火地岛，绵延约1.5万千米。山系属中新生代褶皱带，构造复杂，由一系列褶皱断层组成，主要形成于中生代下半期和第三纪。地壳活动至今仍在继续，多火山地震，是环太平洋火山地震带重要组成部分。

科迪勒拉山系的山脉一般为南北或西北—东南走向，由一系列平行山脉、山间高原和盆地组成。北美科迪勒拉山系宽度较大，海拔较低。地形结构包括东西两列山带和宽广的山间高原盆地带。自墨西哥向南，山系变窄，分为两支：一支向南经中美地峡伸入南美大陆，大部分为火山林立、地形崎岖的山地；另一支向东经大、小安的列斯群岛伸入南美大陆，各岛多为山地盘踞。南美科迪勒拉山系以安第斯山脉为主体。其宽度较窄，但海拔很高，多在3000米以上。尤其是介于南纬4°～28°的中段，山势雄伟，海拔平均在4500米以上。山系自然环境复杂，分布有自寒带到热带多种气候生物带，有世界上最完整的垂直带谱。高山有现代冰川。高大山系的崛起和屏障作用，对南美洲大陆气候、水文网分布、地理环境地域分异、人文景观和交通线布局等带来巨大影响。

西印度群岛

西印度群岛是属于北美洲的岛群。它位于大西洋及其属海墨西哥湾、加勒比海之间，北隔佛罗里达海峡与美国佛罗里达半岛相望，东南邻近委内瑞拉北岸，从西端的古巴岛到委内瑞拉北海岸的阿鲁巴岛，呈自西向东突出的弧形，伸延4700多千米。其面积约24万平方千米，由1200多个岛屿和暗礁、环礁组成。

1492年，意大利航海家哥伦布奉命携带西班牙国王致"中国大汗"国书首航，横渡大西洋，于当年10月12日登上巴哈马群岛东侧的圣萨尔瓦多岛，他误认为该岛是印度附近的岛

☆ 西印度群岛局部

☆ 美国城市广场

约60千米，宽35~86千米，平均水深42米，最大水深52米。冬季常有暴风雪，海面为1.2~1.5米厚的冰原所覆盖。仲夏仍有浮冰留存。白令海峡是沟通北冰洋和太平洋的唯一航道，也是北美洲和亚洲大陆间的最短海上通道。海峡水道中心线既是俄罗斯和美国的国界线，又是亚洲和北美洲的洲界线，还是国际日期变更线。

在冰河时期，白令海的水面降低，白令海峡成为一个白令海陆桥。考古学家们认为，美洲印第安人的祖先是一些来自亚洲、跟着兽群到了北美洲之后定居的猎人。

探索
世界
地理未解之谜

tanssuoshijiediliweijiezhimi

屿，后因该群岛位于西半球，故称西印度群岛，并沿用至今。

西印度群岛自北向南分为巴哈马和大安的列斯、小安的列斯三大组群岛及特立尼达和多巴哥岛四部分。大安的列斯岛是西印度群岛的主体，是北美洲科迪勒拉山系的延伸部分，多属大陆岛，著名岛屿有古巴岛、海地岛、牙买加岛和波多黎各岛等。

💬 白令海峡

白令海位于亚洲东北端楚科奇半岛和北美洲西北端阿拉斯加之间，北连楚科奇海，南接白令海。海峡长

💬 美国

美国本土位于北美洲中部，领土还包括北美洲西北部的阿拉斯加和太平洋中部的夏威夷群岛等。其北与加拿大接壤，南靠墨西哥湾，西临太平洋，东濒大西洋，北临北冰洋，东接加拿大，西隔白令海峡与俄罗斯相望；夏威夷州则位于太平洋中部。国土面积约962.9万平方千米，几乎拥有各种类型的气候。大部分地区属于温带大陆性气候，南部属亚热带气候，西部沿海地区分布有温带海洋性气候和地中海气候。中北部平原温差很大，芝加哥1月份平均气温-3℃，7月份24℃；墨西哥湾沿岸1月份平均气温

11℃，7月份28℃。全国最低点为死亡谷，最高点为麦金利山。

纽约

纽约位于美国大西洋海岸的东北部，是美国最大城市以及第一大港，也是世界第一大城市。纽约市一直是世界上最重要的商业和金融中心，它与伦敦、东京并称为世界三大国际都会。纽约市还是众多世界级博物馆、画廊和演艺比赛场地的所在地，使其成为西半球的文化及娱乐中心之一。纽约还是联合国总部所在地，总部大厦坐落在曼哈顿岛东河河畔。曼哈顿岛是纽约的核心，位于曼哈顿岛南部的华尔街是美国财富和经济实力的象征，也是美国垄断资本的大本营和金融寡头的代名词。位于曼哈顿的"自由女神像"是美国的象征。

黄石国家公园

黄石公园位于美国中西部怀俄明州的西北角，并向西北方向延伸到爱达荷州和蒙大拿州，简称黄石公园，是世界第一座国家公园。在黄石公园广博的天然森林中有世界上最大的间歇泉集中地带，全球一半以上的间歇泉都在这里。此外这座诞生于两百万年前的一次火山爆发的自然之地，还拥有着石林、冲蚀熔岩流和黑曜岩山等地质奇观。而所有这些地质奇观则已经成为了世界上最大的活火山存在的证据。黄石公园以熊为其象征，园

☆ 纽约风景

☆ 科罗拉多大峡谷

内约有200多只黑熊，100多只灰熊。它在1979年列入《世界文化遗产名录》。

·相关链接·

华盛顿：华盛顿全称为华盛顿——哥伦比亚特区，是美国的首都，是为纪念美国开国元勋乔治·华盛顿和发现美洲新大陆的哥伦布而命名的。华盛顿的象征国会大厦建在被称为"国会山"的全城最高点上，它与白宫、最高法院的位置形成三角形，以显示美国的立法、司法和行政的三权鼎立。华盛顿面积最大的建筑是位于波托马克河河畔的美国国防部所在地五角大楼。

科罗拉多大峡谷

科罗拉多大峡谷位于美国西部亚利桑那州西北部的凯巴布高原上，是一处举世闻名的自然奇观。大峡谷全长446千米，平均宽度16千米，最大深度1740米，平均谷深1600米，总面积2724平方千米。由于科罗拉多河穿流其中，故又名科罗拉多大峡谷。它是联合国教科文组织选为受保护的天然遗产之一。

大峡谷是科罗拉多河的杰作。这条河发源于科罗拉多州的落基山，洪流奔泻，经犹他州、亚利桑那州，由加利福尼亚州的加利福尼亚湾入海。其全长2320千米。"科罗拉多"在西班牙语中，意为"红河"，这是由于河中夹带大量泥沙，河水常显红色之故。

科罗拉多河的长期冲刷，不分昼夜地向前奔流，有时开山劈道，有时让路回流，在主流与支流的上游就已刻凿出黑峡谷、峡谷地、格伦峡谷，布鲁斯峡谷等19个峡谷，而最后流经亚利桑那州多岩的凯巴布高原时，更出现惊人之笔，形成了科罗拉多大峡谷这个奇观，使其成为这条水系所有峡谷中的"峡谷之王"。

尼亚加拉瀑布

尼亚加拉瀑布位于加拿大和美国交界的尼亚加拉河中段，号称世界七大奇景之一，与南美的伊瓜苏瀑布及非洲的维多利亚瀑布合称世界三大瀑布。

尼亚加拉瀑布以宏伟的气势、丰沛而浩瀚的水汽，震撼了所有的游人。从伊利湖滚滚而来的尼亚加拉河水流经此地，突然垂直跌落50多米，巨大的水流以银河倾倒之势冲下断崖，声及数里之外，场面摄人心魄，形成了气势磅礴的大瀑布。

密西西比河

密西西比河发源于美国西部偏北的落基山北段的崇山峻岭之中，逶迤千里，曲折蜿蜒，由北向南纵贯美国大平原，把美国分为东西两半，最后注入墨西哥湾，全长4300多千米。密西西比河是美国第一大河。密西西比河的名称起源于居住在美国北部威斯

康星州的阿尔贡金人，阿尔贡金人是当地印第安人的一支，他们把这条河流的上部叫做"密西西比"。在印第安语中，"密西"意为"大"，"西比"意为"河"，"密西西比"即"大河"或"河流之父"的意思。

落基山

落基山脉又译作洛矶山脉，是美洲科迪勒拉山系在北美的主干，由许多小山脉组成，被称为北美洲的"脊骨"，从阿拉斯加到墨西哥，南北纵贯4500多千米，广袤而缺乏植被。其名称源自印第安部落名。巍峨的落基山脉绵延起伏，自北向南，有数千千米之长。整个落基山脉由众多小山脉组成，其中有名称的就有39条。这条

☆ 落基山

☆ 著名的自由女神像

巨大的山脉南北狭长，北至加拿大西部，南达美国西南部的得克萨斯州一带，几乎纵贯美国全境。除圣劳伦斯河外，北美几乎所有大河都源于落基山脉，是大陆重要分水岭。

落基山脉占北美大陆西部主要地形区大高原体系的大部地区。整体而言，落基山系所包含的各条山脉从亚伯达省北部和不列颠哥伦比亚省向南延伸，经美国西部至墨西哥边境，全长约4800千米。有些地方该山系达数十千米宽。界线大多不易确定，尤其是西北边远地区，经常将阿拉斯加的布鲁克斯山脉归入落基山系。这里有终年积雪的山峰、茂密的针叶森林、宽广的山谷、清澈的溪流、开阔的天空和丰富的矿藏资源，数百万人在这里居住和劳作，每年更有数百万人到此旅行游览。落基山脉有北美大陆最受欢迎的旅游胜地。

自由女神像

自由女神像是法国在1876年赠送给美国独立100周年的礼物。自由女神像坐落于美国纽约州纽约市附近的自由岛，是美国重要的观光景点。整座铜像以120吨钢铁为骨架，80吨铜片为外皮，30万只铆钉装配固定在支架上，总重量达225吨，高46米，底座高45米，其全称为"自由女神铜像国家纪念碑"。铜像内部的钢铁支架是由建筑师约维雷勃杜克和以建造巴黎埃菲尔铁塔闻名于世的法国工程师埃菲尔设计制作的。

加拿大

加拿大素有"枫叶之国"的美誉。加拿大东临大西洋，西濒太平洋，南界美国本土，北靠北冰洋，东北隔巴芬湾与格陵兰岛相望，西北与美国的阿拉斯加州接壤。全国总面积为998.6万平方千米，大部分地区属于大陆性温带针叶林气候。

加拿大的森林覆盖面积为占全国总面积的44%，居世界第二位。加拿大有丰富的矿藏，是世界上最大的产矿

☆ 渥太华城市广场

国之一。加拿大是西方七大工业国家之一，制造业和高科技产业较发达，资源工业、初级制造业和农业亦是国民经济的主要支柱。

渥太华

渥太华是加拿大的首都，位于安大略省东南部与魁北克省交界处。流经市内的渥太华河将整个城市南北分开。南部居民是英国移民后代，讲英语；北部居民是法国移民后代，讲法语。

渥太华是全国政治、经济、文化、交通中心，也是水、陆、空交通枢纽。渥太华以轻工业为主，有造纸、木材加工、食品、机械制造等工业。春天一来，整个城市布满了色彩艳丽的郁金香，因此渥太华有"郁金香城"的美誉。而渥太华每年约有8个月夜晚温度在零度以下，所以也有

人称其为"严寒之都"。

多伦多

多伦多在印第安语中是"聚会之地"的意思。多伦多是加拿大最大城市，是加拿大的工业和商业中心，地处安大略湖的西北岸，为加拿大大湖区重要港口城市。作为加拿大的经济中心，多伦多是一个全球城市，也是全球重要的经济中心之一。多伦多还拥有现代建筑奇观之一的加拿大国家电视塔、安静迷人的安大略湖、延绵数里的湖滨走廊等。

梅多斯湾国家历史公园

梅多斯湾国家历史公园位于加拿大纽芬兰与拉布拉多省纽芬兰岛最北端，为格陵兰以外北美唯一被证实的维京人聚居地。1978年，联合国教科文组织将梅多斯湾国家历史公园作为文化遗产列入《世界文化遗产名录》。

梅多斯湾国家历史公园面积80平方千米。公元400～700年，因纽特人在这里居住。之后，斯堪的纳维亚人从北欧来到这里。这表明，在哥伦布发现美洲大陆之前，就已经有欧洲人到达美洲。

在梅多斯湾国家历史公园，已发现并清理出8处斯堪的纳维亚古建筑，包括三处大的住房、四所工场、一座锻炉。这些公元11世纪的建筑，是至今为止发现的北美最古老的欧洲建筑遗址。

☆ 人们在梅多斯湾国家历史公园放风筝

墨西哥

墨西哥位于北美洲，北部与美国接壤，东南与危地马拉与伯利兹相邻，西濒太平洋，东临墨西哥湾与加勒比海。墨西哥全国总面积为196.4375万平方千米，其北部属于热带沙漠气候，南部属于热带雨林气候。墨西哥是拉美经济大国，其工业以制造业为主。主要农作物有玉米、小麦、高粱、大豆、水稻、棉花、咖啡、可可等，享有"玉米故乡"的美誉。墨西哥还盛产仙人掌，该国将仙人掌作为国花。

墨西哥是美洲大陆印第安人古老文明中心之一，闻名于世的玛雅文化、托尔特克文化和阿兹特克文化均为墨西哥古印第安人创造。公元前兴建于墨西哥城北的太阳金字塔和月亮金字塔是这一灿烂古老文化的代表。太阳和月亮金字塔所在的特奥蒂瓦坎古城被联合国教科文组织宣布为人类共同遗产。

奇琴伊察古城遗址

奇琴伊察古城遗址位于墨西哥东南部尤卡坦半岛梅里达城东部120千米处，是墨西哥古代宗教遗址。半岛属石灰岩层地带，没有河流湖泊，但有许多因岩层塌陷而形成的天然地下水池或水井。玛雅人的伊察部落能在该处定居建城，靠的就是这些地下水池

☆ 墨西哥艺术展

格以及建筑内外精美的雕刻装饰而引人注目。

奇琴伊察古城遗址充分反映了玛雅人高度发展的文化艺术和宗教意识。

特奥蒂瓦坎古城遗址

特奥蒂瓦坎古城遗址位于墨西哥首都墨西哥城东北约40千米处。在其繁荣兴盛的六七世纪，全城有20万人口，规模可以和中国当时的长安相比。1987年联合国教科文组织将特奥蒂瓦坎古城作为文化遗产，列入《世界文化遗产名录》。

太阳和月亮金字塔是特奥蒂瓦坎古城遗址的主要组成部分。特奥蒂瓦坎古城是哥伦布发现新大陆前美洲的一个重要政治和宗教活动中心，是光辉灿烂的印第安文化之一。它有"诸神之城"的美名。

供水。"奇琴伊察"在玛雅语中即为"伊察人的井口"之意。

古城初建于5世纪，后随着玛雅帝国的衰亡而被遗弃。公元10世纪末，古城又曾一度兴旺。古城是以天象确立方位，布局严密、结构合理，主要建筑多围绕方形天然水井或位于通向水源道路的两侧。古城南北长3千米，东西宽2千米。遗址中最主要的建筑物有城堡金字塔、虎庙、厅殿、球场、石柱、圣井、尼庵等等，还有一些圆形建筑，所有建筑都以雄伟壮观的风

巴拿马

巴拿马位于中美洲地峡，其东面毗邻哥伦比亚，南濒太平洋，西接哥斯达黎加，北部临加勒比海，巴拿马是连接中美洲和南美洲大陆的通道，素有"世界桥梁"之称。巴拿马全国总面积为7.71万平方千米，属热带海洋性气候。巴拿马无重工业，主要工业有食品加工、服装加工、造纸、皮革等。农业方面水稻、玉米、豆类为主要农作物，香蕉、糖、甘蔗和咖啡

☆ 巴拿马城市风光

探索
世界
地理未解之谜

tansuoshijiediliweijiezhimi

为主要经济作物。

巴拿马运河

巴拿马运河位于巴拿马的中部,且横穿巴拿马地峡,沟通太平洋和大西洋,享有"世界桥梁"的盛名,被誉为"世界七大工程奇迹之一"。运河全长81.3千米,河宽150～304米。整个运河的水位高出两大洋26米,设有6座船闸,还在运河入口航道附近的两边都设有很长的防波堤,以此来防护风浪和减少河道淤泥聚集。巴拿马运河是由美国在其殖民期间主持建造,在1979年运河的控制权才正式转交给巴拿马运河委员会。

大陆地形可分为三个南北向纵列带:西部为安第斯山,东部为高原,中部为平原低地。安第斯山脉是世界上最长的山脉,也是世界最高大的山系之一。东部有宽广的巴西高原、圭亚那高原,南部则有巴塔哥尼亚高原。平原自北而南有奥里诺科平原、亚马孙平原和拉普拉塔平原。南美洲大部分地区属热带雨林和热带草原气候。气候特点是温暖湿润,以热带为主,大陆性不显著。各地气温的年差较小,降水充沛。

·知识外延·

墨西哥首都:墨西哥城是墨西哥合众国的首都,位于墨西哥中南部高原的山谷中，海拔２２４０米。墨西哥城面积达1500平方千米，是世界第二大城市。它集中了全国约1/2的工业、商业、服务业和银行金融机构，是全国的政治、经济、文化和交通中心。

墨西哥城是一座历史悠久的城市，它的古老可以追溯到印第安人时期。墨西哥城的前身是1325年建立的特诺奇提特兰城，在它的创建者阿兹特克人的语言中，"墨西哥"是由"墨西特里"演变而来，意为"太阳和月亮之子"。

阿兹特克人在这里创造了辉煌的文明。他们填湖建城，修筑水道，建起了一座座宏伟壮丽的庙宇、宫殿，整个城市相当繁华。1521年西班牙侵入后，又修建了许多欧式宫殿、教堂、修道院等建筑物，此时定名为墨西哥城，并以"宫殿之城"而誉满欧洲。

☆ 巴拿马运河

南美洲——可可的故乡

作为美洲大陆的一部分，南美同样有着广阔的平原，壮丽的山川，丰富的物产。世界上只要喝咖啡的人就一定曾品尝过来自南美的香醇滋味。

南美洲矿物资源丰富，目前已知，现代工业中所需的20多种最重要的矿物原料绝大部分南美洲都有，此外南美洲还有丰富的森林资源和水产资源。南美洲各国经济发展水平和经济实力相差悬殊。巴西和阿根廷为经济最发达的国家。南美洲的农业生产潜力很大，盛产甘蔗、香蕉、咖啡、可可、橡胶、金鸡纳霜、剑麻、木薯等热带、亚热带农林特产。

安第斯山脉

安第斯山脉位于南美大陆的西部边缘，纵贯南美大陆西部，大体上与太平洋海岸平行，北起北美洲的特立尼达岛，南至火地岛，雄跨委内瑞拉、哥伦比亚、厄瓜多尔、秘鲁、玻利维亚、智利和阿根廷七国，全长近9000千米，几乎是喜马拉雅山脉的三倍半，是世界上最长的山脉，被称为"南美洲的脊梁"。它与北美洲的落

基山脉同属科迪勒拉山系，由一系列平行山脉和横断山体组成，间有高原和谷地。海拔多在3000米以上，超过6000米的高峰有50多座。南部山脉中的阿空加瓜山为安第斯山最高峰，海拔6959米，它也是世界上最高的死火山。尤耶亚科火山海拔6723米，是世

☆ 安第斯山脉

探索世界地理未解之谜

tansuoshijiediliweijiezhimi

界最高的活火山。山区气候和植被类型复杂多样，垂直分带明显，随纬度、高度和坡向而异。一般来说，从火地岛向北至赤道，温度逐渐上升；但高度、临海、降雨、秘鲁寒流以及地形风障等因素，使气候变得多种多样。山的外坡与内坡的气候有颇大的差别，这是因为外坡受到大洋或亚马孙河流域的影响。

安第斯山区的主要矿藏是有色金属、石油、硝石、硫黄等。这里有世界最大的地下铜矿，深入地表以下1200米，庞大的地下坑道总长超过2000多千米。"安第斯"在拉丁语中就是金属的意思。安第斯山脉是南美洲开发最早的地区，中段山区保留着古代印加帝国的许多文化遗迹。居民主要为印欧混血种，其次为印第安人克丘亚族和艾马拉族。安地斯山区的农产品大部分供当地消费，不过有些农产品的产量较大，可供出口，如咖啡、烟草和棉花。此外，尽管禁止生产，大量的古柯仍从哥伦比亚和玻利维亚出口。高原地区的天然牧场广泛用来饲养牛群。哥伦比亚出口牛，秘鲁有规模巨大的罐装牛乳厂和家畜加工业。在秘鲁和玻利维亚广泛饲养绵羊、山羊、美洲驼和羊驼，这两个国家都出口羊毛和羊驼毛。安第斯山脉是当地不可穿越的交通障碍，因此空运显得特别重要。哥伦比亚和秘鲁的空中航线有很大的发展。

圭亚那高原

圭亚那高原位于南美洲东北部，地处奥里诺科河以南、亚马孙河以北。全境包括委内瑞拉南半部、圭亚那全部、巴西北部和哥伦比亚东南的一部分。圭亚那高原与巴西高原被亚马孙低地东部隔断。高原基底岩系主要是太古代的花岗岩、片麻岩和片岩。在湿热的气候条件下，经过长期侵蚀，一般表现为高约300～400米的丘陵状高原。地势从南向东北缓斜，大部分在海拔300～1500米。南部边缘山岭陡立，构成奥里诺科河与亚马孙河两大水系的分水岭。属热带气候，

☆ 圭亚那高原上的标志性建筑

年平均降水量在2000毫米以上。除中部山地和河谷地带覆盖热带雨林外，其余地区则全部是热带草原，产巴拉塔树、糖胶树、香子兰及药用植物等。矿产资源有铝土、铁、金、金刚石等。水力资源丰富，位于圭亚那高原西北部的安赫尔瀑布为世界落差最大的瀑布。

✎ 安赫尔瀑布

　　安赫尔瀑布位于委内瑞拉玻利瓦尔州圭亚那高原，卡罗尼河支流丘伦河上，又名丘伦梅鲁瀑布、天使瀑布。它落差可达979米，被称为世界上最高瀑布，是世界十二大瀑布之一。1935年，西班牙人卡多纳首次发现了原本只有本地印第安人才知晓的丘伦梅鲁瀑布。1937年，美国探险家詹姆斯·安赫尔在空中对瀑布进行考察时坠机，委内瑞拉也因此将瀑布命名为"安赫尔"。丘伦河水从平顶高原奥扬特普伊山的陡壁直泻而下，几乎未触及陡崖，其落差值大约是尼亚加拉瀑布高度的18倍。瀑布分为两级，先泻下807米，落在一个岩架上，然后再跌落172米，落在山脚下一个宽152米的大水池内。这个地区的热带雨林非常茂密，只有雨季时人们才可以乘船进入。在一年的其他时间里，只能从空中观赏瀑布。

麦哲伦海峡

麦哲伦海峡位于南美洲大陆南端和火地岛、克拉伦斯岛、圣伊内斯岛之间。因航海家麦哲伦于1520年首先由此通过进入太平洋，故得此名。峡湾曲折，长563千米，最窄处宽仅有3千多米，是沟通南大西洋和南太平洋的通道，麦哲伦海峡在巴拿马运河建成之前为重要海上航线。海峡被中部的弗罗厄得角分成东西两段。西段海峡曲折狭窄，入口处宽度48千米，最窄处仅3.3千米，水深较深，最深处达1170米。两侧岩岸陡峭、高耸入云，每到冬季，巨大冰川悬挂在岩壁上，景象十分壮观。每逢崩落的冰块掉入海中，会发出雷鸣般巨响并威胁船只航行。东段开阔水域，主航道最浅处只有20米，两岸是绿草如茵的草原景观。海峡处于西风带，强劲而饱含水汽的西风不仅给海峡地区带来低温、多雨和浓雾，而且极易造成大风、急浪，因此麦哲伦海峡又是世界闻名的猛烈风浪海峡。

哥伦比亚

哥伦比亚位于南美洲西北部，东邻委内瑞拉、巴西，南接厄瓜多尔、

☆ 麦哲伦海峡

☆ 哥伦比亚风光

探索
世界
地理未解之谜

tansuoshijieldilweijiezhimi

秘鲁，西北角与巴拿马接壤，北临加勒比海，西濒太平洋。全国总面积为11.4174万平方千米，总人口约4209万。首都为圣菲波哥大。全国印欧混血种人占60%，西班牙语为国语，多信天主教。西部除沿海平原外，为西、中、东三条平行的科迪勒拉山脉构成的高原，山间有宽阔的谷地，南部有一系列火山锥，西北部为马格达莱纳河下游冲积平原，水道分歧，湖沼广布。东部为亚马孙河与奥里诺科河上游支流冲积平原。赤道横贯其南部。平原南部和西岸为热带雨林气候，向北逐渐转为热带草原和干燥草原气候。哥伦比亚自然资源丰富，主

要矿藏有煤炭、石油、绿宝石、天然气、铝矾土、金、银、镍、铂、铁等。经济以农业为主，从业人口占全国劳动力的一半。咖啡产值占农业总产值的1/3以上，产量和出口量仅次于巴西，居世界第二位。畜牧业较发达，牧场占总面积的28.9%。工业发展较快，其产值已占国内生产总值的1/5以上。哥伦比亚开采黄金的历史悠久，以黄金制品精美而驰名世界，所以素有"黄金之国"的美称。旅游业有较快发展。交通运输以公路为主，航空运输亦较发达。

圣菲波哥大

圣菲波哥大是哥伦比亚的首都，位于东科迪勒拉山脉西侧的苏马帕斯

高原的谷地上，海拔为2640米。城市面积1587平方千米。虽然靠近赤道，但因地势较高，气候凉爽，四季如春，名胜古迹众多，因此被誉为"南美的雅典"。工业有汽车装配、水泥、化工、纺织、药品、皮革、啤酒、绿宝石加工等部门。绿宝石蕴藏量居世界首位，鲜花出口是哥伦比亚外汇收入的重要来源之一。

圣菲波哥大还是全国陆空交通中心，有铁路、公路通往沿海各大城市，泛美公路和西蒙·玻利瓦尔国际公路沟通国内和邻国各大城市。圣菲波哥大国际机场直通南美各大城市和美国、法国、德国、西班牙。

圣菲波哥大因其优美自然的景观特色和丰富的古代遗迹而受到众多游客的喜爱。蒙塞拉山风景区在城市北部，海拔3600多米，一座白色的教堂依山而筑。站在山巅向远处眺望，全城景色尽收眼底。离城不远的特肯达马瀑布，长20千米，落差120米，气势磅礴，是哥伦比亚的奇景之一。

"黄金之国"

哥伦比亚以开采黄金、黄金制品精美而驰名世界，所以素有"黄金之国"的美称。在哥伦比亚首都有世

☆ 哥伦比亚自然之美

☆ 圣奥古斯丁考古公园一角

界上独具一格的黄金博物馆，其坐落在圣菲波哥大城市中心的一片绿树丛中，收藏印第安人各种黄金制品2.6万件。展品中有各种造型美观的装饰品，从头上戴的金簪，到脖上戴的项链，从挂在胸腹前的方形金片，到保护男人下腹部的饰物，应有尽有。展品中的生产、生活用品有金镰、金刀、金斧、金棒、金铃铛，以及金碗、金杯、金盘等。特别是"金人"和"金蟾蜍"格外引人注目。在一个长近20厘米的金制的木筏上，站着11个金闪闪的金人。姿态各异的金蟾蜍，表现了印第安人对这种生灵的崇敬。一些贵重的黄金展品陈列在一个叫"黄金大厅"的陈列室里。人们在漆黑的环境中走进展室，突然，灯光通明，在强烈灯光照射下，各种金器放出耀眼的光辉。置身其间，有如进入一座黄金宫殿。在安第斯山中还有一个充满神秘色彩的湖泊——黄金湖，就连圣菲波哥大的最大机场也叫黄金机场。

圣奥古斯丁考古公园

圣奥古斯丁考古公园是迄今为止哥伦比亚最伟大的考古发现之一。它坐落于哥伦比亚山侧的一个小村庄中。几个世纪以来，在这片土地上曾经居住着代表各种文化的民族，因而也为子孙后代留下了许多有考古价值的文化遗址。在众多景点之中最为著名的当属被称为"雕像丛林"的雕像建筑群。它是由包括古典主义、自然主义、表现主义以及抽象主义四种风格的35处风格各异的雕像群组成的。现今这座圣奥古斯丁考古公园不仅是著名的考古胜地，同时也是风景优美的自然风景区，对于那些既想欣赏风光又想进行考古游历的游客来说，圣奥古斯丁考古公园无疑是他们最明智的选择。

圣克鲁斯—德蒙波斯历史名城

圣克鲁斯—德蒙波斯历史名城位于哥伦比亚北部的玻利瓦尔省，是哥伦比亚重要的港口。这里砖瓦结构的建筑多达3600多座，均仿造西班牙风格。城内的拉康塞普希奥恩教堂、圣方济各教堂和圣巴尔巴拉教堂不仅具有宗教作用，还兼有要塞的作用。教堂的塔楼也成了观察敌情的瞭望塔。

秘鲁

秘鲁位于南美洲西部，北与厄瓜多尔和哥伦比亚接壤，东与巴西毗连，南与智利交界，东南与玻利维亚相邻，西濒太平洋。全国总面积约128万平方千米。海岸线长2254千米。安第斯山纵贯南北，山地占全国面积的1/3。全境从西向东分为三个区域：西部沿海区为狭长的干旱地带，有断续分布的平原；中部高原区主要为安第斯山中段，平均海拔约4300米，亚马孙河发源地；东部为亚马孙林区。瓦斯卡兰山海拔6768米，为秘鲁最高点。主要河流为乌卡亚利河和普图马约河。其西部属于热带沙漠、草原气候，东部属于热带雨林气候。秘鲁是传统农业国，盛产玉米。秘鲁是世界12大矿产国之一，主要矿产资源有铜、铅、锌、银、铁和石油等。铋、钒储量居世界首位，铜占第三位，银、锌占第四位。森林覆盖率为58%。水力和海洋资源极为丰富。秘鲁是印加文化的发祥地，旅游资源丰富。主要的旅游景点有利马大广场、托雷塔格莱宫、黄金博物馆、库斯科城、马楚—皮楚遗址等。

的的喀喀湖

的的喀喀湖是南美洲地势最高、面积最大的淡水湖，也是世界最高的大淡水湖之一。它位于玻利维亚和秘鲁两国交界的科亚奥高原上，被称为"高原明珠"。湖面达海拔3821米，也是世界上海拔最高的大船可通航的湖泊。湖水面积大约为8300平方千米，平均水深140～180米，最深处达280米。湖中有日岛、月岛等51个岛屿，大部分有人居住。整个的的喀喀湖分为西北和东南两个相连的湖面，而其又被蒂基纳河道沿西北—东南方向分为了两部分。在的的喀喀湖的西北部，位于玻利维亚的湖面被称为是丘奎托湖，而被称作格兰德湖的湖面则是属于秘鲁的部分。的的喀喀湖的

☆ 秘鲁城市一角

☆ 马丘比丘古城

东南部则包括位于玻利维亚的维尼亚伊马卡湖和位于秘鲁的佩克尼亚湖。世代居住于此的印第安人一直都把的的喀喀湖奉为"圣湖",至今在岛上留存下来的神庙和宫殿遗址仍旧具有浓重的印加文明痕迹。而被世界称为最伟大的奇迹的太阳之门则威严地耸立于的的喀喀湖边的台地上,令人惊叹不已。

马丘比丘古城

马丘比丘古城被称作是"失落的印加城市",坐落在安第斯山脉最难通行的老年峰与青年峰之间陡峭而狭窄的山脊上,海拔2400米。它是保存完好的前哥伦布时期的印加遗迹,也是南美洲最重要的考古发掘中心,也因此成为了秘鲁最受欢迎的旅游景点。马丘比丘古城整体被划分为神圣区、通俗区、祭司和贵族区。古城中的宫殿、平台、作坊、堡垒等建筑都是用巨石砌成,宏伟壮观。神圣区内建有献给伟大的太阳神的"拴日石""太阳庙"和"三窗之屋"。人们还在通俗区内发现遗留下来的骸骨中女性与男性的比例是10∶1,考古学家认为这些女性是专职的祭祀人员,被称为太阳女。站在山顶上的悬崖边,你还可以欣赏到落差达600米直插乌鲁班巴河的垂直峭壁,其景令人震撼。马丘比丘是世界上为数不多的文化与自然双重遗产之一,于1983年被联合国教科文组织定为世界遗产。

·相关链接·

秘鲁首都:利马是秘鲁的首都,是秘鲁的经济和文化中心,素有"无雨之都"的称号。利马位于沿海灌溉绿洲上,东接安第斯山麓,西连太平洋岸外港卡亚俄。利马是世界各国各都中降雨量最少的一个,属热带沙漠气候,因受秘鲁寒流影响,气候温和干燥。1535年建于里马克河畔,曾长期为西班牙在南美洲殖民地的重要行政中心。这里集中了全国工业的

70%，主要有食品、纺织、皮革、服装、塑料、药品、化学、金属加工、石油提炼等。市内有铁路、公路同卡亚俄港及其他城市相通，并有国际机场。这里有南美最古老的圣马科斯大学和其他高等学校。联合国世界遗产之一的利马古城区、巨大的圣法兰西斯修道院地下墓穴和著名的中央广场、圣马路丁广场组成了利马这片旅游胜地。

纳斯卡巨画

在秘鲁伊卡省东南部的纳斯卡小镇发掘出大批古墓，里面的许多彩陶和纺织等殉葬品，引起了国内外历史学家和考古学家的注意。考古学家乘坐飞机在"塞罗斯"草原上空，突然发现许多巨大的图案，即被人们称为"纳斯卡谷地巨画"。

整个谷地布满了由宽窄不一的"沟"组成的三角形、长方形、平行四边形、菱形和螺旋形等几何图形。它们又分别组成蜥蜴、蜘蛛、章鱼、长爪狗、老鹰、海鸥、孔雀以及仙人掌等动植物的轮廓图。每个图案竟有几百平方米之大。而最大的一个占地5平方千米。例如，一只大鹏展开的翅膀就有50米之长，而鸟身子长度达300米。这些图案不仅层次分明，而且间隔适度，有些相同的图案简直像一个模子里印出来的，其精确度令人吃惊。

当旭日东升之时，登上纳斯卡山巅，一幅美丽奇异的图画便呈现在你面前。但当太阳升高之后，这些巨画便杳然消失。由此可见，古代印加的艺术家还利用了光学原理对巨画的布局设计作出了精确的计算，使之具有如此神秘之魅力。也正因如此，纳斯卡谷地的巨画被称为"世界第八奇迹"。

巴西

巴西位于南美洲东南部，同除智利和厄瓜多尔以外的所有南美洲国家接壤。全国总面积854.7403万平方千米，是南美洲面积最大的国家。其大

☆ 巴西艺术作品

部分地区属热带气候，南部部分地区为亚热带气候。巴西经济实力居拉美首位，主要工业部门有钢铁、汽车、造船、石油、电力、纺织、建筑等。核电、通讯、电子、飞机制造、军工等已跨入世界先进国家的行列。矿产资源丰富，铁矿砂产量和出口量居世界第二位。铀矿、铝矾土、锰矿储量居世界第三位。巴西的咖啡、蔗糖、柑橘生产居世界第一位，可可、大豆为第二位，玉米居第三。素有"咖啡王国"之称的巴西是世界上最大的咖啡生产国和出口国。而世界上最大的平原亚马孙平原和最大的原始森林都位于巴西。巴西的足球、桑巴舞更是世界著名。

亚马孙河

亚马孙河又名亚马逊河，被誉为

"河流之王"。亚马孙河是南美第一大河，也是世界上流域面积和流量最大的河流，在世界河流中位居第二，仅次于长6695千米的尼罗河。亚马孙河大部分在巴西境内，从伊墓托斯至入海口。亚马孙河全长6440多千米，其支流有上千条，与干流共同组成了总长度达6万余千米的亚马孙河水系，其流域面积约占南美大陆总面积的40%。每年注入大西洋的水量约6600立方千米，相当于世界河流注入大洋总水量的1/6。支流中，有七条长逾1600千米的河流，最长的是马代拉河，长逾3200千米。流域内大部分地区为热带雨林气候，年雨量2000毫米以上。多雨、潮湿及持续高温是其显著的气候特点。

亚马孙河沉积下的肥沃淤泥滋养了6.5万平方千米的地区，安地斯

☆ 巴西热带雨林

山脉中、北部和亚马孙河流域著名的亚马孙热带雨林就生长在亚马孙河流域。这里同时还是世界上面积最大的平原。平原地势低平坦荡，大部分在海拔150米以下，因而这里河流蜿蜒曲流，湖沼众多。这里蕴藏着世界最丰富多样的生物资源，各种生物多达数百万种。亚马孙河以其为世界淡水观赏鱼主要产地而闻名。其丰富绮丽的淡水热带观赏鱼一直牵动着全世界观赏鱼爱好者和生物学家的心。亚马孙河具有非常优越的航运条件，构成了一个庞大而便利的水上航运网。马瑙斯港是亚马孙河的重要港口。

亚马孙河是拉丁美洲人民的骄傲。巴西人自豪地称之为"河海"。亚马孙河滋润着南美洲的广袤土地，孕育了世界最大的热带雨林，使这一片地域成为世界上公认的最神秘的"生命王国"。

亚马孙平原与热带雨林

亚马孙平原是世界最大的冲积平原。它位于南美洲北部亚马孙河中下游，介于巴西高原和圭亚那高原之间，西抵安第斯山麓，东濒大西洋，跨居巴西、秘鲁、哥伦比亚和玻利维亚四国领土，面积达560万平方千米。其中巴西境内220多万平方千米，约占该国领土的1/3。平原西宽东窄，地势低平坦荡。最宽处达1280千米，大部分在海拔150米以下，平原中部马瑙斯附近海拔只有44米，东部更低，逐渐接近海平面。平原是在南美洲陆台亚马孙凹陷基础上，经第四纪上升、成陆后，由亚马孙河干流、支流冲积而成。平原降水多，原因是受东北信风和东南信风影响。亚马孙平原地处赤道附近，终年高温多雨，热带雨林广袤。平原人烟稀少，交通不便，大部分地区尚未得到充分开发。亚马孙平原的野生动物种类非常繁多，而且数量丰富。19世纪末，根据一位英国自然学者的统计，亚马孙平原共有14712种动物，其中8000多种尚未为人所知，现在已知的动物和鸟类超出了10万种，还有至少27种甲虫。可能另外还有几百万种正等待着人们去发现。

亚马孙雨林位于亚马孙盆地，是全球最大的雨林，有700万平方千米，占地球上热带雨林总面积的50%，其中有480万平方千米在巴西境内。它从安第斯山脉低坡延伸到巴西的大西洋海岸。雨林横越了八个国家：巴西、哥伦比亚、秘鲁、委内瑞拉、厄瓜多尔、玻利维亚、圭亚那及苏里南，包括法属圭亚那。使这片雨林生机盎然的是亚马孙河。这里自然资源丰富，物种繁多，生态环境纷繁复杂，生物多样性保存完好，被称为"生物科学家的天堂"。目前超过1/5的亚马孙雨林已经被破坏，余下的部分依然面临危机。有人预测，随着热带雨林的减

☆ 巴西城市广场

少，雨林中至少将有50万～80万种动植物物种将灭绝。雨林基因库的丧失将成为人类最大的损失之一。

巴西高原

巴西高原是世界上面积最大的高原，在巴西境内，占巴西国土的一半以上。它位于南美大陆东部，北邻亚马孙平原，西接安第斯山麓，南与拉普拉塔平原相连，东临大西洋。高原面积约500万平方千米，海拔300～1500米，主要由低山、丘陵高地和平顶高原构成，地面起伏平缓，向西、北倾斜。大部分地区属热带草原气候，其次为热带雨林气候。巴西高原为一古老高原，发育于巴西陆台，古老的基底岩系由花岗岩、片麻岩、片岩、千枚岩和石英岩等组成。高原边缘部分普遍形成缓急不等的崖坡，河流多陡落成为瀑布或急流，切成峡谷。

巴西高原不仅是巴西的农牧业重要产地，矿产资源也很丰富，有铁、锰、铅、锌、铬、镍、锡、石英晶、云母等多种矿藏，以伊塔比拉为中心的"铁矿四角地区"是世界著名的优质大铁矿区。自1960年后，巴西首都已从里约热内卢迁到巴西高原中部的新城巴西利亚。

巴西利亚

巴西利亚地处巴西高原中部，是巴西现在的首都。东南距里约热内卢900千米，南距圣保罗865千米，连周围8个卫星城镇的联邦区，面积5814平方千米，人口186万。巴西利亚海拔1100米，地处高原，气候温和宜人。年平均气温17.7℃。年均降水量1600毫米，雨季集中于10月到翌年4月。这是一座按照"飞机型总体规划图"建设的现代化城市，享有"世界建筑艺术博物馆"的美称。巴西利亚通过利用拦河筑坝建成一个人工湖，而整个城市犹如一架蓄势待飞的喷气式飞机，象征了巴西正迎着朝阳展翅飞翔。巴西利亚是南美洲建都时间最短的城市。三权广场、总统纪念堂、巴西利亚大教堂是巴西利亚的三大景观。1987年，联合国教科文组织批准将该城列为世界文化遗产。

圣保罗

圣保罗是巴西也是南美第一大城市。它位于巴西东南部，东南濒大西洋，西、北界巴拉那河及其支流格兰德河。其面积为24.82万平方千米，城市人口占80%。沿海为狭长低地，气候炎热多雨，年降水量2000毫米以上。大崖壁以北的内地为高原和谷地，气候温和，年降水量1000毫米以上。河流富水力资源。19世纪末，因咖啡种植而兴起。1899年设州。现在已成为巴西经济最发达的州。在这里集中了全国工业生产门类的一半左右，部门齐全，以钢铁、汽车、飞机、电子、化学、机器设备为主，并有纺织、食品、造纸、水泥、炼油等工业。咖啡、棉花、甘蔗、柑橘、柠檬产量均居全国之冠。畜牧业发达。圣保罗铁路、公路和航空运输四通八达，拥有世界上最大咖啡输出港——桑托斯。

· 知识外延 ·

巴西狂欢节：每年2月中下旬在巴西举行的"巴西狂欢节"是世界上最大的狂欢节之一，被授予"地球上最伟大的表演"之称。巴西狂欢节会在每年的复活节前47天如期上演。整个狂欢节从狂欢节那天的前3天就开始了，每天晚上进行，接连举行3天，其声势之浩大是令人怎么都想不到的。节日期间人们会在庆祝活动上大跳桑巴舞，尽情释放热情，而随其进行的各种游行活动，更是令整个国家都沉浸在欢乐的气氛中。而在这众多的庆祝活动中当属里约热内卢狂欢节为世界上最著名、最令人神往的盛会。在整个狂欢节上，你尽可放下矜持，随同狂欢队伍热舞，此外你还可以尽情享受一次"易装癖"给你带来的快乐。

智利

智利位于南美洲西南部，安第斯山脉西麓，东面与阿根廷毗邻，北面同秘鲁、玻利维亚接壤，西濒太平洋，南与南极洲隔海遥遥相望，被称为"世界上地形最狭长的国家"、"天涯之国"。全国总面积约75.7万平方千米。其北端主要是沙漠气候，南为多雨的温带阔叶林气候，中段是亚热带地中海型气候。智利的矿业、林业、渔业和农业是智利国民经济四大支柱。智利矿藏、森林和水产资源丰富，并以盛产铜闻名于世，素称"铜矿之国"，已探明的铜蕴藏量达2亿吨以上，居世界第一位，约占世界储藏量的1/3。铜的产量和出口量也均为世界第一。智利渔业资源丰富，是世界第五大渔业国。智利的旅游业也十分发达。智利拥有一个地处地球

☆ 复活节岛上的石像

中心的神秘复活岛。游历在这片世界上最狭长的土地之上，你会深深地被它的神秘与独特所吸引。

圣地亚哥

圣地亚哥是智利的首都，是全国政治、经济、交通、文化中心。圣地亚哥坐落于智利的中部，马波乔河畔，是一座拥有400年历史的古城。圣地亚哥的市区是在圣卢西亚山基础上发展起来的，因而圣卢西亚山也就成为了圣地亚哥的标志。而这座山也是圣地亚哥的著名旅游景区。在圣地亚哥的沃伊金斯将军大街上屹立着智利国父沃伊金斯将军的铜像。拥有着大理石雕成的巨型圣母像的圣克里斯托瓦山则被誉为"首都公园"，是著名

的旅游中心。圣地亚哥的东部还是举世闻名的滑雪胜地。圣地亚哥除了是重要的交通枢纽之外，还是一个文化之都。著名的智利大学、南美洲最大的国家图书馆、天主教大学、历史博物馆、国家美术馆等文化设施均设于此。

复活节岛

复活节岛是智利在东太平洋的属岛，是玻利尼西亚群岛最东端的岛屿。它以巨大的石刻雕像驰名于世。这座素有"地球的肚脐"之称的复活节岛位于南太平洋东部，也就是地球地理的中心位置，面积约117平方千米，离南美大陆智利约3000千米，离太平洋上其他岛屿距离也很远，所以它是东南太平洋上一个孤零零的小岛。复活节岛属亚热带气候类型，即

阳光充足且干燥。复活节岛是一片草原，没有一棵高于3米的树木。复活节岛上大约有1000座以上的巨大石雕像。这些高鼻梁、凹眼窝、窄额头、大耳朵、噘嘴巴的无腿半身石像有的静卧在海滩上，有的横躺于山顶上，有的则立于海岸日夜凝望着茫茫大海，似乎在期盼着什么。而这些石像的背后到底隐藏着什么秘密到现在也没有人知道。在这里古老的历史古迹、独特的风土人情均具有神秘色彩，是引人流连的旅游佳境。复活节岛每年的春天还会举办传统的"鸟人节"，给原本古老的土地又增添了一抹神秘的气息。

火地岛

火地岛又称大火地岛，其位于南美洲最南端的岛群，是该岛群的主岛。火地岛隔麦哲伦海峡与南美大陆相望，是南美洲最大的岛屿。其总面积约7.3万平方千米，约2/3属智利，1/3属阿根廷。主岛略呈三角形，西部和南部山地为安第斯山脉余脉，地面崎岖，东部和北部为平缓低地。火地岛气候寒冷，年均温低于10℃，多强劲风暴。西部受湿润西南风和地形影响，年降水量高达2000毫米；东部降水较少，不足500毫米。山区多森林，低地为丛生草原。人口稀少。火地岛主要经济来源是养羊，其次是伐木、捕鱼和狩猎。工业仅有石油和天然气开采以及一些供本地消费的小型炼油厂、肉类冷冻厂等。陆地交通不发达，无铁路。但主要居民点与智利的蓬塔阿雷纳斯和阿根廷的里奥加耶戈斯有空运连接，海上交通也占有重要地位。火地岛冰川风光别具一格，尤以夏天为最美。长达20多个小时的白昼之光照耀于层峦叠嶂的冰川之上，与密绿的森林交相呼应，完美地展现着火地岛独特的自然风光。

阿根廷

阿根廷在西班牙语中的意思是"白银"，它位于南美洲东南部，东面濒临大西洋，西面交界智利，南与南极洲隔海相望，北与玻利维亚、巴拉圭为邻，东北部与巴西和乌拉圭接壤。阿根廷全国总面积为278.04万平方千米，总人口为3780多万。阿根廷地势由西向东逐渐低平。西部是以绵延起伏、巍峨壮丽的安第斯山为主体的山地，纵贯南北3000余千米，约占全国面积的30%，东部和中部的潘帕斯草原是著名的农牧区；北部主要是格兰查科平原，多沼泽、森林；南部是巴塔哥尼亚高原。主要山脉有奥霍斯·德萨拉多山、梅希卡纳山。海拔6964米的阿空加瓜山，为南美洲万峰之冠。巴拉那河全长4700千米，为南美第二大河。主要湖泊有奇基塔湖、

探索
世界
地理未解之谜
tansuoshijiediliweijiezhimi

☆ 安第斯山

阿根廷湖和别德马湖。北部属热带气候，中部属亚热带气候，南部为温带气候。阿根廷是综合国力较强的拉美国家，工业门类较齐全，主要有钢铁、电力、汽车、石油、化工、纺织、机械、食品等。农牧业发达，农产品有小麦、玉米、大豆、高粱、大麦、棉花、亚麻籽等，畜牧业有牛、羊、猪、马，素有"粮仓肉库"之称。国粹探戈和足球令阿根廷人引以为傲。

潘帕斯草原

潘帕斯草原位于南美洲南部，阿根廷中东部，北连格连查科草原，南接巴塔哥尼亚高原，西抵安第斯山麓，东达大西洋岸，面积约76万平方千米。"潘帕斯"源于印第安丘克亚语，意为"没有树木的大草原"。地势自西向东缓倾。气候夏热冬温，年雨量250～1000毫米，由东北向西南递减。以500毫米等降水量线为界，西部称"干潘帕"，除禾本科草类外，西南边缘还生长着稀疏的旱生灌丛，发育有栗钙土、棕钙土，多盐沼和咸水河；东部称"湿润潘帕"，发育有肥沃的黑土。潘帕斯草原成为南美洲比较独特的一种植被类型的原因，是草原西边的安第斯山脉阻挡了来自太平洋丰富的降雨，所以只有该草原的西边靠安第斯山脉一侧狭长地带才有"走廊式"林木，而东部大部分由于缺乏雨水，只能生长草类植物。潘帕斯现大部分已开垦成农田和牧场，盛产小麦、玉米、饲料、蔬菜、水果、肉类、皮革等，是阿根廷最重要的农牧业区，并成为阿根廷政治、经济、交通和文化的心脏地区。这里集中了全国2/3的人口，4/5的工业生产和2/3以上的农业生产。以布宜诺斯艾利斯为中心，铁路、公路呈辐射状伸向全国各地。

拉普拉塔平原

拉普拉塔平原介于安第斯山脉、巴西高原和巴塔哥尼亚高原之间，东临大西洋，面积150万平方千米，是南美洲第二大平原。南部为潘帕斯平原，地势坦荡平展，略向东倾斜，海拔多在150米以下。北部称大查科平原，地面平展低洼，雨季排水不良，在沿河地带形成沼泽和湿地；西面是安第斯山脉，北面和东北面是巴西高原和巴塔哥尼亚高原，东南面是大西洋，自北向南跨越玻利维亚、阿根廷、巴拉圭、乌拉圭四国，其中60%的面积在阿根廷境内。拉普拉塔平原是阿根廷的经济心脏。这里幅员辽阔，地势平坦，雨水充足，土地肥沃。耕地面积占全国耕地面积的70%，有发达的农牧业。

拉普拉塔平原是由拉普拉塔河冲击而成的。拉普拉塔河位于南美洲乌拉圭和阿根廷之间，全长4700千米，流域面积约400万平方千米，是南美洲第二大河流。它的支流众多，主要的有巴拉圭河、乌拉圭河、巴拉那河。拉普拉塔河流域是拉丁美洲最发达的地区之一。它的大部分处在亚热带，雨水充沛，土地肥沃、物产丰富，是南美洲的经济中心的集中地区。拉普拉塔河养育了南美洲人民，特别是哺

☆ 美丽的海岛城市

☆ 伊瓜苏大瀑布

育了阿根廷的人民，因此它被称为母亲河。

布宜诺斯艾利斯

布宜诺斯艾利斯是阿根廷的首都，是阿根廷第一大城市，也是阿根廷政治、经济、交通和文化的中心，享有"美洲巴黎"之称。它东临拉普拉塔河，对岸为乌拉圭共和国，西靠有"世界粮仓"之称的潘帕斯大草原，地势平坦，平均海拔25米，气候温和湿润，降水丰沛且季节分配均匀。布宜诺斯艾利斯国民生产总值约占全国的一半，主要有肉类加工、面粉等食品工业和纺织、制革、机械、汽车、化学、造船、印刷等工业。其中食品工业和制革工业为传统工业，在全国占有重要地位。布宜诺斯艾利斯是全国最大的贸易港城市，全国最大的陆、空交通枢纽，以"5·25"广场作为核心，呈辐射状延伸出许多大街。其中有堪称世界最宽的街道之一的"7月9日大街"、被公认为是世界上最长的街道之一的瓦达维亚街、号称"南美百老汇"的佛罗里达大街。布宜诺斯艾利斯科隆大剧院更是世界第三大歌剧院。其南部的博加区还是世界著名"探戈"舞曲的诞生地。

冰川国家公园

罗斯·格拉希亚雷斯冰川国家公园位于阿根廷圣克鲁斯省西南部的安第斯山脉，南美大陆安第斯山脉南段，这里有除南极大陆和格陵兰岛以外世界上最大面积的冰原，是世界上最大的现代冰川之一。这里气候寒冷，积雪终年不化，为冰原的形成创造了十分有利的气候条件。1937年，阿根廷政府在这里建立了罗斯·格拉希亚雷斯冰川国家公园。公园面积4457平方千米，西接智利国界，自北而南有多座山峰，它们是多条冰川的发源地。公园东部湖区以阿根廷湖为首，湖泊星罗棋布，是多条冰川的汇集之处，它们都是在第四纪冰川时期形成的冰川湖，是所有冰川的归宿。阿根廷湖海拔215米，湖深187米，最深处324米，湖水清澈。莫雷诺冰川是公园内唯一还在成长发展的冰川，它长35千米，其前缘为一道宽4千米、高60多米的冰坝，矗立在湛蓝的阿根廷湖湖面上，蔚为壮观。公园内共有47座极为壮观的冰川，这些冰川每三年就会发生一次冰灾，融化、崩塌的冰川犹如脱缰的野马，犹如战时的千军万马，随洪水翻滚奔流，场面极其壮观恢宏，令人叹为观止。

伊瓜苏大瀑布

伊瓜苏大瀑布位于阿根廷与巴西的边界，堪称世界上最宽的瀑布，享有"南美第一奇观"和"世界上最大和最感人的瀑布"美誉。瀑布整体呈马蹄形，高82米，宽4千米，是先向西后向北流的伊瓜苏河进入峡谷前从巴拉那高原边缘落入一处宽广裂口而形成的，由275股急流和泻瀑组成。巨大的瀑声在25千米的范围内都能听得见，被生动地形容为"犹如大海泻入深渊"。瀑布泻下溅起的水花升腾于半空，在瑰丽的阳光照耀下产生绚丽的彩虹，堪称一绝。瀑布最为壮观的景色当属位于峡谷顶的联合瀑布，275条瀑布一齐直冲谷底，然而半路又遇岩阶则再次分级泻下。位于被称为"魔鬼之喉"的一个狭窄的半圆形裂隙处不远的地方就是观赏瀑布的最佳地点。

相传，很久以前有一位部族首领的儿子，深爱着一位公主。但这位公主的眼睛因为意外而失明了，于是他便来到这里站在河岸上，向天地祈求让他深爱的公主可以恢复视力。然而就在此时大地开始裂为峡谷，河水奔涌而出，瞬间将王子卷入谷中，但是从那时起公主却重见了光明，她便成为了第一个看到伊瓜苏瀑布的人。这就是有关伊瓜苏瀑布的美丽感人传说。

探戈舞

被阿根廷人视为国粹的"探戈"，是一种源于非洲的双人舞蹈。据说探戈起源于情人之间的秘密舞蹈，而舞蹈中男士的右臂和女士的左臂都要更向里一些，身体要相互接触，重心偏移，男士主要在右脚，女士在左脚。探戈区别于其他舞蹈的地方就在于探戈的舞者不可以面带微笑，脸部要始终保持严肃的表情。跳舞时，男士要打领结穿深色晚礼服，女士则要穿一侧高开衩的长裙。华丽高雅的舞步，热烈狂放的节奏是探戈最为明显的标志。但最初的时候探戈的舞者只是在港口破败的仓库甚至妓院里表演，为上层社会所不齿，直到20世纪初，才普遍为大众所接受。如果说斗牛代表了西班牙，那么可以说探戈就代表了阿根廷，而更重要的是探戈现在已经成为了拉丁美洲最典型的艺术表现形式。如果你想领略地道的探戈之舞，不妨到阿根廷的布宜诺斯艾利斯走一趟，那里绝对会让你不虚此行的。

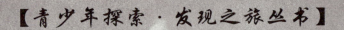

【青少年探索·发现之旅丛书】

◎ 出版策划　　腾书堂文化

◎ 责任编辑　　宗宏伟

◎ 文稿提供　　永佳世图

◎ 封面设计　　红十月设计室

◎ 图片提供　　全景视觉

　　　　　　　图为媒

　　　　　　　上海微图网络科技有限公司